# 櫻坂46

SAKURAZAKA

# 彼女たちが彼女たちである理由。

阿部慎二

太陽出版

# プロローグ

2021年4月21日付のBillboard JAPAN 総合ソングチャート〝JAPAN HOT 100〟で総合首位を獲得した、櫻坂46の2ndシングル『BAN』(4月14日発売)。

初週売上405,360枚のCDセールス1位を記録すると共に、CD読み取り回数のルックアップでも1位となり2冠を達成。さらにダウンロード回数3位、Twitterトレンド3位などの指標を含め、初登場で総合首位に立った。

前作『Nobody's fault』の初週売上414,024枚に続き、2曲連続で初週40万枚を突破した。

「5月26日に発売された日向坂46の『君しか勝たん』が、同じBillboard JAPANチャートで初週503,745枚、6月9日に発売された乃木坂46『ごめんねFingers crossed』が初週704,346枚と、それぞれおよそ10万枚、30万枚と差がついています。しかし売上の大半はミーグリ特典付きの劇場盤ですから、対象メンバー37名の乃木坂46が抜けているのは物理的に当たり前。対象メンバー22名の日向坂46、対象メンバー25名の櫻坂46の差が、今の両グループの勢いの差ともいえますね」（スポーツ紙音楽担当記者）

楽曲に目を転じると、『BAN』は爽快な疾走感に溢れるアップテンポな曲調に加え、MVのダンスも〝グループ史上最高難度〟といわれるほど、表題曲選抜メンバーが全身全霊でパフォーマンスする楽曲だ。

しかし気になるのはタイトルでもあり、歌詞の中に何度も登場する〝BAN〟〝BANされる〟のフレーズだろう。

いわゆるネットスラングの一つで、〝禁止〟や〝退場〟の意味合いを持つ言葉ゆえに、本来はネガティブな用法として使われるもの。

果たして〝アイドル〟のシングル表題曲に相応しいのか。

「作詞の秋元康さんはAKB48時代からスラングを公演タイトルやシングル曲のタイトルに多用してきました。立ち上げ当初のAKBはネット掲示板（※当時の2ちゃんねる）で話題になり、自然と飛び交うスラングがAKBでの常用語になっていきました。そのルーツは2006年12月から公演が始まったTeam Kの『脳内パラダイス』公演で、〝脳内〟というスラングを気に入った秋元さんが公演曲とタイトルに流用したのです。それ以降、秋元さんは〝ここぞ〟の転換期にスラングを流用するパターンが目立つようになります」（同音楽担当記者）

シングル曲では7thシングル『ロマンス、イラネ』の〝イラネ〟だが、わかりやすいのは〝フラゲ〟と略される『フライングゲット』だろうか。

「今回の『BAN』には、〝欅坂46〟としてあり続けることを〝BAN〟された彼女たちに贈るエールの意味が含まれているそうです。歌詞には〝BAN〟されてしまい、退場させられることを不安に感じて『もう一度チャンスが欲しい』と願いながらも、『今さら自分を変えることなんてできない、変わらないことの何がいけないのか?』と、本来の自分でしか生きられない姿が描かれています。秋元さんは〝それでいいんだよ〟とエールを贈っているのです」（同前）

ストレートに「誰のせいでもないよ」と背中を押した櫻坂46としてのデビュー曲『Nobody's fault』から、「君たちはそのままでいいんだよ」とのエールを贈った『BAN』へ。

櫻坂46の物語は、この秋に発売されるであろう第3章へと紡がれていくに違いない。

そして本書は、彼女たちの『自分は自分としてしか生きられない』強さを描いてみたいと思う――。

# 目次

渡邉理佐
井上梨名
遠藤光莉
大園玲
大沼晶保
幸阪茉里乃
関有美子
武元唯衣

田村保乃
藤吉夏鈴
増本綺良
松田里奈
森田ひかる
守屋麗奈
山﨑天

## 89 2st Chapter メンバー・エピソード

1st Chapter

★

# フレーズ＆エピソード

Phrase & Episode

彼女たちが彼女たちである理由。

## 上村莉菜

『〝自分が思い描いたアイドル生活、芸能生活を送れているか〟
——と言われたら、それは全然送れていません（笑）。
でもだからこそ面白いし、櫻坂に限らず、
チャンスの芽はいつ目の前に訪れるかも全然わからないから、
常に準備を怠らない者だけが生き残れる世界だと痛感してますね』

欅坂46に加入当初から、その美少女ぶりが評判だった上村莉菜。

ファンの評判も上々で、早くから握手券の売上げも上位クラスだった。

「見た目は体育会系に見えませんが、幼い頃から活発で積極的な性格。それを活動に生かしきれていないのがいかにも残念」（人気放送作家）

いつしか握手会の人気も、当初は下位人気だった某卒業メンバーがトップに躍り出るなど、求められるのはファンに対する〝神対応〟に比重が傾いていく。

「決して彼女の対応が悪いわけではありませんが、いわゆる〝ガチ恋〟ファンを惹きつけるものではありません。お父さん世代のファンには弱さを見せて〝自分が支えなければ！〟と思わせたり、20代から30代のファンには〝ひょっとして俺のこと好きなの？〟と妄想させたり、相手によって対応を変えなければ大金をつぎ込むガチ恋ファンは掴めない。去年から握手会が開かれていないとはいえ、それはミーグリ（※リモートトーク会）でも同じこと。いや、強制的に制限時間で画面が閉じるミーグリだからこそ、より〝気をもたせる〟トークが必要になるのです」（同人気放送作家）

ある意味、すべてのファンに公平に接する上村こそ、握手会やミーグリ人気が高まって然るべきだろう。

しかしそんな常識的な考え方が通用しないのがアイドルの世界だ。

「〝メンバーのAちゃんは対応がいいのに莉菜ちゃんは優しくない〟など、謂れのないセリフを口にするファンがいたり、彼女もかなり悩んだと聞いています。それでも『**私は私のやり方を貫く**』——と態度を変える気はないようですし、それが頼もしくも映る。ミーグリになってから『**思うようにトークが弾まない**』——と落ち込むメンバーが多い中、彼女のファンたちは〝ずっと変わらない莉菜ちゃんが好き〟と、ようやく上村の魅力を再認識したようですね」(同前)

櫻坂46のシングルには、いまだ表題曲選抜に選ばれていない上村莉菜。

その現状については、もう一つのエピソードで迫ってみたいと思う——。

## 尾関梨香

『自分のほうが間違っているのに、
どうしても譲れない時ってあるじゃないですか?
たとえば〝強気に出てるから引っ込めない〟みたいな。
本当はそういう時は素直に過ちを認める人になりたいんですけど、
逆に認めることで〝評価〟が下がるのも芸能界。
難しいですね(笑)』

ゴールデンウィーク明けの5月7日、欅坂46公式サイトで発表された尾関梨香の活動休止。

「公式サイトでは〝体調不良により、医師から一定期間の静養が必要との診断が下りました〟と説明され、復帰の目処もついていないようです。具体的な病名が発表されないケースのほとんどは心的要因によるもので、欅坂46に改名以降、明らかに2期生中心のシフトに移行する中、ファンの多くは尾関のメンタルを心配していますね」（番組関係者）

『そこ曲がったら、櫻坂？』や以前の『欅って、書けない？』などメディアでは〝お笑い担当〟のように受け取られがちな尾関だが、それは番組MCの土田晃之と澤部佑のイジリがあって成立すること。単体の尾関は決して自ら〝笑い〟を取りにいくタイプではない。

ある意味、今の彼女は櫻坂46における〝自分のアイデンティティ〟に迷いが生じているのではないか。

「活動休止が発表される少し前の『そこさく』でも、（渡辺）梨加に〝書道が上手い〟キャラを奪われそうになった尾関が、必死に『（書道キャラが）なくなったら本当に空っぽになっちゃう』――と泣きを入れていました。これまで5年も1期生として頑張ってきたはずの彼女が、書道キャラ一つにすがらなければならないとは、信じられないほどのネガティブぶりです」（同番組関係者）

言い換えれば、そこまで追い込まれていたということだろうか……。

「冒頭のフレーズからも想像がつくように、根は本当に真面目な堅物。誰にでも優しい子ですが、自分に対してはなかなか〝変化〟を受け入れられない。もしメンタルが休養原因なのだとしたら、そのあたりに理由があるのではないでしょうか」（同前）

彼女のファンは「尾関に限っては不祥事隠しの休養はあり得ないので、本当に体調不良のはず。ゆっくり休んで戻ってきて欲しい」と声を揃える。

それだけの信頼があるのだから、時間をかけて自分自身と語り合えば良いではないか。

そして再び、元気な姿で戻ってきて欲しい。

おそらくその時彼女は〝ひと回り成長した尾関梨香〟になっているだろうから――。

## 小池美波

『私はあまりポジティブなタイプとは見られていないと思いますけど、
自分の心の中にはブレないポジティブな〝芯〟をちゃんと持ってますし、
出すべき時にはちゃんと出してますよ。
でも発言や態度はポジティブに見えても、
行動は全然ポジティブじゃない人も世の中にはいて、
そういう人と同じカテゴリーに入れられてしまうなら考え直します（笑）』

実際に小池美波と仕事をした人間は口を揃えて、

「勉強熱心」

「質問の鬼」

「アイドルで下準備を整えてくる子は初めて」

――など、現場からはすこぶる良い評判しか聞こえてこない。

それなのになぜか、必要以上に画面に映る印象やイメージで損をしているのが彼女だ。

「番組をご覧になっている方も感じるかもしれませんが、『欅って、書けない？』の頃から積極的にガヤやツッコミを入れるタイプではないのは確かです。MCに振られた時はキチッと返せても、自分からはボケに走らない。一時期、結構キツめのツッコミを入れていたこともありましたが、小林由依がそれを遥かに上回る毒舌キャラを発揮し始めたので、いつしか小池は一歩引くようになっていました」（番組制作スタッフ）

そう、彼女は全体を俯瞰で見てバランスを取る〝バランサー〟の能力にも長けているのだ。

「自分が目立ったり、笑いを取ったりすることよりも、グループ全体が画面に『どう映っているのか?』を優先するタイプなのです。先ほど〝現場からは彼女を絶賛する声が聞こえてくる〟とありましたが、それは小池個人、ないし多くてもメンバー3人までの現場。少人数であれば自分がイニシアチブを取って盛り上げ、グループ全体のレギュラーでは一歩引いたところから様子をうかがう。1期生の中で最もグループアイドルに向いているのは、タイプでいえば間違いなく小池美波でしょう」

(同番組制作スタッフ)

かつてキャプテン・菅井友香、副キャプテン・守屋茜の欅坂46時代、両者とも口を揃えて――

**『みーちゃんの存在は心強い』**

――と語っていたのは、〝バランサー〟としての小池を誰よりも認めていたからだろう。

〝バランサー〟としての役割こそが、彼女の言葉にある〝ブレないポジティブな芯〟なのかもしれない――。

小林由依

『これはメンバーの全員に言えることなんですけど、
「自分なんて」とか「どうせダメだ」とか、
絶対に自分から物事を諦めるような考えをしないで欲しい。
誰だって可能性に溢れているし、
一つのきっかけが人生を180度変えてくれるのは、
私たちはすでに欅坂46のオーディションで、
経験してるじゃないですか?』

いくら2期生たちが頭角を現しても、やはりフロントラインに立つべき者は彼女たちを置いて他にはいない。

それが小林由依、そして渡邉理佐だ。

「今さら2人の実力と人気を云々言うつもりはありませんが、今回の2ndシングルではより鮮明に存在感を発揮しています。特に山崎天のセンター曲『思ったよりも寂しくない』など、ミュージックビデオをご覧になれば一目瞭然。小林と理佐のパフォーマンスがフロントラインを締めているからこそ、山﨑のセンターが成立しています。欅坂46時代からフォーメーションの肝を務めていますが、この『思ったよりも寂しくない』が、その集大成のように感じます」（日本テレビ関係者）

思えば平手友梨奈がシングル曲のセンターに固定されていた時から、ファンの目は平手ではなく小林と渡邉に注がれてきた。

特に小林はご承知の通り、平手が欠場した2018年の日本レコード大賞とNHK紅白歌合戦でセンターを務め、すでに実質的にはエースの存在だったのだ。

その小林が語ったセリフだけに、冒頭の言葉には重みが加わっている。

「自分で自分の可能性を疑っていては進歩も成長もないし、ましてやチャンスなど訪れない。小林は平手が活動を休止した時に〝繰り上がり〟でセンターに抜擢されたわけではなく、センターになるべくしてセンターに就いた。それは彼女が平手友梨奈という絶対的な存在がいてもなお、自分から何一つ諦めなかったからです」（同日本テレビ関係者）

そんな小林由依は今、2期生の3人のセンターをはじめ、後輩たちに惜し気もなく自分のパフォーマンスを見せ、背中で引っ張ってくれている。

キャプテンや副キャプテンではなくとも、これからの櫻坂46を築く存在であることを誰も疑うまい。

## 齋藤冬優花

『私にはまだまだ櫻坂でやらなきゃいけないことが残ってるし、
自分自身に対する興味や好奇心、可能性を感じなくなるまでは、
このステージから降りるつもりはありません。
『BACKS LIVE!!』が乃木坂さんのアンダーライブと違うのは、
私たちは全員、そのポジションに甘んじる気がないってことです』

齋藤冬優花と『BACKS LIVE!!』については、もう一つのエピソードで詳細に語らせて頂いている。

ここでは当初『3列目ライブ』とやや屈辱的なタイトルが発表された『BACKS LIVE!!』に対し、自他共に認める〝ダンス番長〟の齋藤が、あえて知名度も実績も残している乃木坂46アンダーライブの名前を挙げ、明確に『自分たちとは違う』という根拠について明かしていきたい。

冒頭のセリフを直接聞いたテレビ東京スタッフ氏に、齋藤の真意を聞いた。

「この言葉をストレートに受け止めると、いかにも乃木坂46アンダーライブの〝意識が低い〟と指摘しているように感じますが、もちろん冬優花はそんなつもりで言ったわけではありません。どちらかというと、運営スタッフに対する反骨心に近いのではないでしょうか」(テレビ東京スタッフ氏)

2ndシングルに収録されている3曲にフォーメーション〝3列目〟として参加している、いわゆる櫻エイトに漏れたメンバー16名（※尾関梨香は休演）でのライブは、齋藤に言わせると――

『乃木坂さんのアンダーライブはこれまでの積み重ねがあるから、一つのライブとして成立している。
でも私たちの『BACKS LIVE!!』は、その名の通り、後ろ（BACKS）から前を脅かすほど強くなることを目的にしているんです。
だから今回の16人のメンバーは全員、力をつけて櫻エイトを引きずり降ろすぐらいの気持ちでいる』

――そうだ。

「運営スタッフに対し、『誰が本当に櫻エイトに相応しいか、パフォーマンスを見せつけたい』――とも話していました。やや過激な発言にも聞こえますが、しかしグループの中でこれぐらい切磋琢磨しないと、確かに櫻坂46は強くなれません」（同テレビ東京スタッフ氏）

会場の舞浜は千葉県ゆえ、緊急事態宣言下にはなかった。しかしそれでも、ライブ参加を取り止めたファンの方も多かったに違いない。

そんな皆さんのためにも、齋藤冬優花のもう一つのエピソードをお楽しみ頂ければと思う――。

## 菅井友香

『周りから思われているほど私は優等生じゃないし、
だから逆に周りが理想とする優等生を演じようと、
努力した部分はありますね。
これからはもっと〝我〟を通していきたいし、
〝欲〟を前面に出していきたいとも思います。
それぐらい必死にならないと、夢なんて叶えられませんから』

菅井友香は「欅坂46になってから明るくなった」と、テレビ界やラジオ界ではもっぱらの評判だ。

「良きにつけ悪しきにつけ、欅坂46時代は自ら重荷を背負いにいっているように見えました。もちろん彼女特有の責任感は今も変わりませんが、しかしその負担を他のメンバーと共有しているような、かつての〝何もかも私のせい〟みたいな雰囲気はなくなりましたね」

話してくれたのは、菅井がレギュラーを務めるラジオ番組のスタッフ氏。

「ファンの皆さんも、欅坂46が〝一人のカリスマとその他大勢〟的な扱われ方をしていたことは、今さら否定はしないでしょう。その真っ只中でキャプテンを務め、メンバーをまとめ上げなければならない。坂道シリーズは3グループあって、キャプテンは歴代で4名しかいません。しかもこれまでにキャプテンが2人いる乃木坂46も、初代キャプテンの卒業に伴って2代目キャプテンが生まれた。48グループと違って坂道シリーズのキャプテンは卒業するまで変わらないので、抱え込む負担も年月に比例して大きくなる。それが改名を機にどんな心境の変化があったのか、別人のように軽やかに見えます」（ラジオ番組スタッフ氏）

菅井は改名を機に――

『**2期生たちをもっと信頼する**』

――ことにしたという。

そのため積極的にコミュニケーションを図り、2期生個々の特徴や特性を掴んだそうだ。

これまではいちいち口を挟んでいたような小さなトラブルも、『これは任せておけば大丈夫』と、良い意味での〝放任主義〟を決め込む。

それによって――

『**何よりも自分が一番楽になった**』

――と明かす。

冒頭の彼女の言葉――

『これからはもっと〝我〟を通していきたいし、
〝欲〟を前面に出していきたいとも思います。
それぐらい必死にならないと、夢なんて叶えられませんから』

菅井友香が自らの〝我〟や〝欲〟に正直に生きた時、どんな変貌を遂げてくれるのか、楽しみで仕方がない。

## 土生瑞穂

『私には大谷翔平選手のようなホームランは打てません。
でもその代わりに、どんな形でも塁に出るような、
コツコツと稼いで逆転を狙う選手にはなれると思うんです。
欅坂から櫻坂になって、
1期生として胸を張れる結果は出してないけど、
いつも「今に見ていろよ。いつか逆転するからな」的な気持ちは、
持ち続けています』

2000年代に入り、アイドルの平均身長はグッと高くなった。

「かつて昭和アイドル全盛期といわれた1980年代では身長が160cmを超える女性アイドルは珍しく、また彼女らはなかなか高い人気を得られなかったと聞いています。しかし2000年代、特に2010年代からは前田敦子が161cm、小嶋陽菜164cm、篠田麻里子168cm、柏木由紀165cmとAKB48の〝超選抜〟にも160cm台は珍しくなくなり、坂道シリーズなどは白石麻衣162cm、松村沙友理164cm、橋本奈々未163cm、生田絵梨花160cmなど、1期生から人気メンバーは軒並み160cm台の身長を誇っています」（民放テレビマン）

メンバーの平均身長も乃木坂46が160．6cmで、櫻坂46が160．9cmと160cmを上回り、日向坂46も159．7cmとわずか3ミリ届かないだけ。

まさに坂道シリーズが〝モデル系〟と言われる由縁でもあるが、しかしそれでも170cmを超えるメンバーは土生瑞穂171．6cmと乃木坂46・梅澤美波170cmの2人しかいない。

「彼女たちの何が不利かというと、どうしてもポジションを後ろに下げられてしまうところです。特に1stシングル、2ndシングル共に表題曲のセンターをグループで最も身長が低い森田ひかる（150．5cm）が務める櫻坂46ですから、森田より20cm以上身長が高い土生は、見た目のバランス的にも3列目に下がらざるを得ない」（同民放テレビマン）

逆に自分の長所である長身を活かしてランウェイモデルとして活躍する土生だが、もちろん櫻エイトの一角に食い込むことを諦めたわけではない。

『アイドルになりたくて鳥居坂46のオーディションを受け、
それが欅坂46、櫻坂46の自分に繋がっているんです。
モデルのお仕事や（ラジオで）喋るお仕事を頂けているのは嬉しいですけど、
ステージの上で全力パフォーマンスする時が一番気持ちがいい。
その気持ち良さは、3列目よりも2列目、1列目のほうが増すのも本音ですから（笑）』

グループで最も身長が高いメンバーが、表題曲のセンターを務める――。
そんな大逆転劇を見せてはくれないか？

## 原田葵

『正直なところ、
テレビに映る自分を見ているとストレスを感じることが多くて、
特に学力系の企画やクイズ番組での自分には、
「どうして正解することができなかったのか……」
悔しい気持ちがどんどん溜まってしまいます。
でもそんな時の自分は画面でもあまり〝いい顔〟をしていなくて、
それは絶対に直さなきゃいけない私の課題でもあります』

坂道シリーズで〝大学受験〟を理由に長期の活動休止を申し出たメンバーといえば、この原田葵と日向坂46の影山優佳の2人。

ちなみに乃木坂46の生田絵梨花も〝受験勉強〟を理由に活動を休止したが、後に自ら「運営と活動方針について意見が合わなかった」冷却期間であったことを明かしている。

「原田は1年2ヶ月、影山は1年9ヶ月と、共に1年を超える活動休止から復帰しました。それだけ休業するとむしろ〝復帰するほうが怖い〟そうですが、彼女たちのファンも〝よく戻ってきてくれた〟気持ちで一杯だったと聞いています。特に原田は平手友梨奈を筆頭に1期生が一気に3人卒業したのちの復帰だったので、何よりもメンバーたちがホッと胸を撫で下ろしていました」（テレビ東京関係者）

活動休止が1年を超えていたのだから、どこかに「（このまま帰ってこないのでは……）」の不安を感じていたのも当然だろう。

しかしお互い復帰した後の原田と影山には、明確な〝格差〟がついてしまったと言わざるを得ない。

「復帰後、水を得た魚のように〝サッカー大好きキャラ〟を発揮する影山に対し、原田は中途半端な〝お勉強キャラ〟しか出せていません。運営はもっと前面に〝秀才キャラ〟をアピールしたいのでしょうが、ことクイズ番組においては乃木坂46の山崎怜奈には敵わない。本人も自らのキャラに悩んでいることが表情からもうかがえて、櫻坂46内での学力テストで1位を獲ることに必死な姿には、言葉は悪いのですが〝その程度で満足していいの?〟と疑問を感じるファンも多かったはずです」

（同テレビ東京関係者）

確かに復帰後の原田には〝余裕〟がない。

だが言い換えればそれは、どんな時でも全力で向き合う生真面目さの証でもあるのだ。

彼女に良い意味での〝遊び〟が備わった時、新たに〝ひと皮剝けた原田葵〟に出会うことができるだろう。

守屋茜

『まつりちゃん（松田里奈）が副キャプテンになったのは、
櫻坂のためになると思うし、
私はあえて肩書きがなくなったからこそ、
メンバーをフラットに見られるようになりました。
だからこそ、それぞれの良い部分を探して、
それを伸ばせるようなアドバイスやサポートをしてあげたいんです』

欅坂46から櫻坂46に改名した直後の〝意外すぎる〟サプライズといえば、副キャプテンが守屋茜から2期生の松田里奈にバトンタッチされたことだろう。

「当初から2期生をまとめていた松田は、将来的には菅井友香が卒業した後のキャプテン候補と見られていました。それが改名とリスタートタイミングで、副キャプテンとはいえ早くも要職に就かされるとは。菅井キャプテンがあのキャラですから、副キャプテンに求められるのはメンバーに対して言い難いことを伝える〝嫌われ役〟ですからね」（人気放送作家）

ゼネラルプロデューサーの秋元康氏は、自ら最初に認めた〝リーダー〟高橋みなみ（元AKB48）に「嫌われる勇気を持て」と諭したそうだ。

欅坂46の場合はその役割を副キャプテンの守屋茜に求め、実際に彼女はその厳しさでメンバーをまとめることに一役も二役も買っていた。

果たしてそれを松田にも求めるのか？——運営でも意見が分れたという。

「守屋もそれを心配したそうですが、彼女自身のことだけでいえば、副キャプテンから外れたことで生き生きとしていて、**『心身共にフリーな気持ちになった』**――といいます。だからこそ今は**『副キャプテンの時には見えなかったメンバーそれぞれの悩みや辛さに寄り添いたい』**――と話していて、それは菅井キャプテンも松田副キャプテンも〝願ったり叶ったり〟ではないでしょうか」（同人気放送作家）

運営は守屋茜のそこまでの変化を見込み、あえて副キャプテンを外したのではないだろうか。

今のところ、その目論見は上手くハマっているようだ。

今後、守屋茜が〝フリー〟な立場として、どのようにメンバーそれぞれと関わっていくのか、期待して見守ろうではないか。

## 渡辺梨加

『私は人見知りだし、初対面のスタッフさんとかにも、
どうやって接すればいいのか本当に悩むんですけど、
そういう時は——
「もしかしたら、この人とはもう一生会わないかもしれない」
——って考えて、
だったらこの初対面で「頑張って期待に応えよう」——と、
新型コロナ以降は考えられるようになりました』

つい最近の放送で新たな〝ゴリラキャラ〟を開拓した渡辺梨加。

ゴリラキャラは少々大袈裟かもしれないが、しかし〝世界一美しいゴリラ〟をキャラにするので
あれば、それはかなり話題になるに違いない。

「オアシスの大久保（佳代子）さんがゲストの回ですね。梨加が突然『ンゴ！』と奇声を発する
新しいキャラを掴んだ時の。ただ残念ながらそれも、数回で尻すぼみになるでしょうが（苦笑）」

『そこ曲がったら、櫻坂？』制作スタッフ氏は、メンバーのリアクション力を向上させる企画での
〝ゴリラキャラ〟について、「あの場面で大切だったのは『ンゴ！』の奇声ではなく、梨加が自ら前に
出る意欲を示してくれたこと」と語ってくれた。

「視聴者の皆さんもご承知の通り、これまで梨加は収録中にひと言も発しないことも珍しくなく、
この5年間で〝最もポジションを下げたメンバー〟です。当初はあのルックスでファン人気も
一、二を争い、表題曲でも好ポジションを与えられていました。しかしとにかく消極的な上にほとんど
喋らない、喋っても声は聞こえない、見ると愛想笑いを浮かべているだけ……では、人気もポジションも
下がるのが当たり前。それでも我々はそれを度外視し、さらにはグループ最年長のハンディも
踏まえた上で〝いつか花開いてくれる〟と期待をかけ続けた。それがようやく実るきっかけが、
あの『ンゴ！』だと信じています」（制作スタッフ氏）

これは予想もしていなかったセリフが返ってきたが、ならばこれまで梨加を支え続けてくれたファンも報われるというもの。

**「大切なのはこれからです。尻すぼみになるであろう『ンゴ！』に続き、梨加がどんな意欲を見せてくれるのか。逆に言えば、ここで見せてくれなければ、彼女に対する我々の期待もしぼんでしまうということ」**（同制作スタッフ氏）

そう言って心配そうな制作スタッフ氏だが、大丈夫だ。

**『頑張って期待に応えよう』**

冒頭の彼女の言葉を信じるならば、これからは〝今までとは違う渡辺梨加〟を見せてくれるはずだから。

渡邉理佐

『たとえば専属モデルのお仕事にしても、
私が坂道シリーズのメンバーだから、
大目に見てもらえることもリアルにあって、
それは他のモデルさんには申し訳なく感じたこともあります。
わざわざ恥をかきたくはないけど、
自分が成長するためには、
かいた恥から何かを学ばなきゃいけないんですよ』

そもそもは西野七瀬が専属モデルを務めて以来、坂道シリーズで最もステイタスが高いと認定されているのが、女性ファッション誌『non・no』の専属モデルだ。

第1号の西野に続き、第2号の専属モデルが渡邉理佐。現在、その2人に加えて日向坂46の佐々木美玲、乃木坂46の遠藤さくらと、OGの西野を含めた4名が専属モデルを務めている。

その『non・no』の渡邉理佐を筆頭に、『Ray』の専属モデルと『LARME』のレギュラーモデルを兼任する渡辺梨加、『JJ』専属モデルの土生瑞穂、『with』専属モデルの小林由依と、櫻坂46からは今年の6月末現在、4名の現役メンバーが女性ファッション誌の専属モデルやレギュラーモデルを務めている。

「しかしこれは9名の乃木坂46の半分以下で、日向坂46の6名よりも少ない。理由は明白で、乃木坂46は3期生、4期生にも、日向坂46にも2期生のモデルがいるのに、櫻坂46はまだ1期生にしか専属モデル、あるいはレギュラーモデルがいないからです」（ファッション誌ライター）

雑誌メディアでは、坂道シリーズから新しいモデルを採用する際、まず乃木坂46から、続いて日向坂46から候補を挙げるといわれている。

だがもちろん、中には櫻坂46の2期生に注目する媒体もあるはずだ。

「実際にはいくら雑誌側が新たに起用したいメンバーをオファーしても、運営から逆指名の形であてがわれてしまうのが〝業界の常識〟。今の櫻坂46の4名は、坂道運営が意図して専属モデルに売り込んだ4名ということです」（同ファッション誌ライター）

なるほど。冒頭の渡邉理佐のセリフには、そういったある種の〝負い目〟があるのだろう。

「とはいえそれは、専属モデルになるきっかけに過ぎません。いざ専属モデルになれば、そこから先は本人たちの努力次第。ｎｏｎ・ｎｏの関係者から聞いた話では、理佐は専属モデルになった当初、撮影のたびに担当者やスタイリスト、カメラマンに『**私にダメ出ししてください！**』――と意見を尋ね、宿題として持ち帰ったそうです。横の繋がりで他の媒体に聞いてみても、そこまでポジティブに取り組んでいるのは理佐が群を抜いているとか」（同前）

まさに彼女自身の――

『**自分が成長するためには、かいた恥から何かを学ばなきゃいけない**』

――の言葉を実践してきたのだ。

## 井上梨名

『弱音に聞こえるかもしれませんが、
櫻坂の中でどうやって自分をアピールしていけばいいのか、
実はいまだにその道に迷ってます。
でも何度迷っても目的地に着けばいいし、
迷った分だけ経験も増える。
ポジティブに考えられる自分ではずっといたいですね』

6月16日から18日まで行われた櫻坂46『BACKS LIVE!!』は、出演した16名のメンバーがセットリスト14曲のうち必ず1曲はセンターを務める構成で行われた。

その千秋楽にあたる3日目、Overtureに続く1曲目『Nobody's fault』のセンターを務めたのは井上梨名だった。

「『Nobody's fault』のセンターは初日が土生瑞穂、2日目が遠藤光莉、そして3日目が井上梨名でした。3日間共に同じセットリストではありましたが、その日のライブの出来を左右する1曲目、それも櫻坂46のデビュー曲を歌うわけですから、センターに立候補する側にも相応の決意と覚悟がなければ務まりません」(アイドル誌記者)

後に井上は『Nobody's fault』のセンターに立候補した理由をこう語っている。

『1stシングルで表題曲のメンバーに選ばれなくて悔しい思いをして、
そのリベンジの意味も込めて選びました。
また歌詞の中に「やるかやらないかそれだけだ」っていうフレーズがありますけど、
それが私の心には響いて、
悔しいことや悲しいことがあっても、
今の私には「立ち向かう心が一番必要だ」――と思ったんです。
だからこの曲を選びました』

その思い切りの良さを生んだのは、間違いなく冒頭のセリフに由来する『ポジティブに考えられる自分でいる』姿勢だろう。

「井上にも欅坂46時代からコアなファン層がついていて、ミーグリではいつも〝いつかテッペンに立とう〟と盛り上がっているそうです。そんなファンの後押しとより強い自信を身につければ、必ず櫻エイトに手が届く日がやって来るに違いありません」(同アイドル誌記者)

3rdシングルでの櫻エイト入り、最低でも表題曲の選抜入りを叶えたい。

井上梨名の〝行動が伴った〟強い願いは、果たして花開くことができるだろうか――。

## 遠藤光莉

『番組で泣いてしまったのは自分でも理由がわかりません。
でも遠藤は「メンタルが弱すぎる」と思わせてしまったことは、
本当に悔しいです。
それまで自分が前に出る経験がほとんどなくて、
どうすればいいのか混乱したんだと思います。
あの失敗は必ず取り返してみせますから!』

学力テストで上位5名に入ったものの、最後に学力女王を決める早押し問題では手も足も出ず、涙を流してしまった遠藤光莉。

このセリフは収録の翌週、番組スタッフに語った〝次〟への意気込みだ。

「そんな遠藤が見事なパフォーマンスを見せ、土田(晃之)さんに絶賛されたのが『BACKS LIVE!!』でした。土田さんは自分のラジオ番組で時間を割き、彼女について語りに語りました」

(『そこさく』スタッフ氏)

土田晃之が遠藤について触れたのは、自身がパーソナリティを務める『土田晃之 日曜のへそ』(ニッポン放送)の生放送だった。

何と土田は6月16日から18日まで3日間行われた『BACKS LIVE!!』を、初日と2日目は配信で、最終日は会場で観戦したと明かす。

「そもそも〝おニャン子クラブ〟の熱狂的なファンだった土田さんはアイドルのライブにも造詣が深く、欅坂46時代から主要なライブはキッチリと生観戦してきました。だからこそ、土田さんの感想や意見はメンバーも真摯に受け止めているのです」(同『そこさく』スタッフ氏)

土田はまず持論として、普段ポジションに恵まれないメンバーたちが代わる代わるセンターに立つことをサッカーにたとえ――

『(エースナンバーの)〝背番号10〟を付けたことがないメンバーが、
どこかの楽曲で全員が絶対にセンターになる。
めちゃくちゃいいきっかけになる』

――と、ワクワクしながら観戦していたと明かす。
そして遠藤光莉について、ダンスの世界大会に出場経験がある実力派であることを認めた上で
こう語った――。

『ライブ映えする子。

ちょっと引っ込み思案で「自分から前に出るのが苦手なんです」――って子なんだけど、
所作がキレイ。

お辞儀もキレイ。

遠藤のお辞儀、すげえなぁと思って。

腰痛を持ってる俺にはできないお辞儀(笑)。

この子が自信を持ってきたら、絶対にもっと化ける』

「しかもそれが生観戦ではなく、配信で見ていた2日目の『Nobody's fault』で衝撃を受けたそうで、**『生で見ていたら、さらに何倍も凄かったに違いない』**——と悔しそうにしていたとか。今後の番組内でも良い意味で彼女にスポットを当ててくれるでしょうし、彼女のファンならずとも楽しみにして欲しいですね」（同前）

また一人、新たなスターが誕生するか——。

## 大園玲

『たまに「玲ちゃんって、見た目と違って性格はゴリゴリの体育会系だね」
――って言われるんですけど、
いつか櫻坂を背負えるメンバーになりたい気持ちがなければ、
私はグループにいる意味がないと思ってるんです。
だって低いハードルばかり何台飛んでも、
高いハードルを飛べないと意味がないんですから』

『BACKS LIVE!!』最終日のMCで――

『私たちは普段、後ろに何もない3列目というポジションでパフォーマンスしているんですけど、今回センターや(櫻)エイトのポジションをやってみて、グループを背負っている感覚、背負いながらパフォーマンスする感覚を知って、改めて「櫻坂46を背負える人になりたい」と強く思いました』

――と宣言し、満員の観客から拍手喝采を浴びた大園玲。

「お話ししたセリフ(※冒頭のフレーズ)は、彼女が『BACKS LIVE!!』のリハーサル中に呟いたセリフです。今回、3日間を通してM11の『なぜ、恋をして来なかったんだろう?』のセンターを務めた彼女ですが、そのリハーサル中、自分のセンター曲についてメンバーに指示を出す彼女を見て、外見のイメージと違っていかにも体育会系の性格をしていることに驚いて、そう声をかけてみたんです。そうしたら返ってきたのが『いつか櫻坂を背負えるメンバーになりたい気持ちがなければ、私はグループにいる意味がない』『低いハードルばかり何台飛んでも、高いハードルを飛べないと意味がない』――と、さらに驚かされる〝強い〟セリフでした」

そんな大園の力強い言葉を明かしてくれたのは、当のライブを支えた制作スタッフ女史だった。

相手が女性スタッフということもあり、大園は本音を隠さずに明かせたのかもしれない。

それを聞いたスタッフ女史は「近い将来、櫻エイトに飛び込んでも彼女なら臆することなくやっていける」と確信したそうだ。

「スタッフ宛のLINEで強気なセリフを送信するメンバーはいますが、面と向かって堂々と言葉を発するメンバーは少ない。実際、今は櫻エイトではない3列目のメンバーで**『櫻坂を背負えるメンバーになりたい』**——とまで宣言するのは、なかなか勇気がいりますからね」（制作スタッフ女史）

まさに芯が通った〝薩摩おごじょ〟の、有言実行ストーリーがこれから始まろうとしている——。

## 大沼晶保

『私ってキャラ的にイジられ役ですよね？
確かに自分でもイジられることで存在感がアピール出来るなら、
嬉しいんですけど、
本当はキラキラと可愛い衣裳で、
〝女の子女の子〟した自分も見てみたいな〜って（笑）。
まだまだいろんな自分を出せてないので、
そういう意味でも『ＢＡＣＫＳ ＬＩＶＥ!!』のような企画は、
すごく楽しかったですね』

『そこ曲がったら、櫻坂?』MCの土田晃之が絶賛した、『BACKS LIVE!!』における遠藤光莉のパフォーマンスと覚醒ぶり。

そして彼はもう一人、大沼晶保についても自身のラジオ番組『土田晃之 日曜のへそ』(ニッポン放送)で興奮気味に語っている。

**「大沼は〝全員センター〟の『BACKS LIVE!!』について『すごく楽しかった』と語っていますが、そのセリフの中にも番組で土田さんと澤部くんにイジられることに対し、やや複雑な心境を明かしています。土田さんはそんな大沼について『不器用だけど真っ直ぐな子』と説明しながら、愛のある感想を語ってくれました」**(『そこさく』スタッフ氏)

自身のラジオ番組で遠藤について語った土田は、続いて大沼晶保の名前を挙げると――

**『静岡県出身で漁師さんの娘さんなんだけど、とにかく不器用なの。**
**でも一本気がある真っ直ぐな子で、自分の力の加減がわからない』**

――と、リスナーがイメージしやすいように大沼のキャラクターを解説。

そして配信で観戦した初日、2ndシングル『BAN』でセンターに立った彼女を、まるで保護者のような気持ちで見守っていたようだ。

土田は――

**『〝そんなに（ダンスが）上手くないからできるの?〟と思ったら、大沼のパワーが『BAN』という曲に合ってる。すごいカッコ良くて、酒飲みながら家で泣いたからね。大沼、『BAN』とハイボール』**

――と、想像もしていなかったセリフが飛び出した。

大沼晶保にとって、それは最高の褒め言葉になったのではないだろうか――。

## 幸阪茉里乃

『自分でもまだまだ2期生の中で存在感を出せてないし、
そんな自分が櫻坂の力になれているとも思ってませんけど、
でも反省はしても後悔だけはしないように心掛けています。
反省は自分を成長させてくれる。
でも後悔はその場所に立ち止まるだけだから』

新2期生では最年少の18才で、自称〝陰キャ〟の幸阪茉里乃。

1stシングル『Nobody's fault』の頃はパフォーマンスにもまったく自信がなかったが、2020年10月14日に櫻坂46としてデビューしてからもうすぐ1年、2020年12月9日に1stシングル『Nobody's fault』をリリースしてから半年以上が過ぎ、『BACKS LIVE!!』と『W-KEYAKI FES.』を経験した今、幸阪の中にはどんな変化が芽生えたのだろうか。

「『BACKS LIVE!!』では3日間通してセットリスト4曲目の『Microscope』でセンターを務めました。この曲は『BAN』に収録されている藤吉夏鈴センターVer.のカップリング曲なので、3列目は尾関梨香、関有美子、原田葵、上村莉菜、武元唯衣の5名。幸阪は山﨑天センターVer.の『それが愛なのね』と『思ったよりも寂しくない』で3列目に入っているので、この曲のセンターに立候補したのでしょう。とはいえ、さらに積極的に『BAN』のセンターに立候補して欲しかったですね。新2期生の最年少、まだ少しパフォーマンスに自信が持てなかったとしても、この『BACKS LIVE!!』は困難に挑戦して〝強くなる〟ことがテーマなのですから」

3日間共にライブを生観戦した幸阪推しの放送作家氏は、残念そうに語る。

「『BAN』のセンターを務めたのは、順に大沼晶保、齋藤冬優花、武元唯衣の3名でした。確かに齋藤と武元には一目置かざるを得ないでしょうが、大沼ができるなら幸阪にだってできる。センターの立候補制とは何のためにあったのか?――それを幸阪には改めて考えて欲しいし、次に『BACKS LIVE!!』が開催される時までに、表題曲に立候補する〝気持ちの強さ〟を身につけなければ」

（放送作家氏）

現実的に幸阪が櫻エイト入りするまでにはまだまだ時間を要するだろう。

だからこそ本人が言うように――

**『反省はしても後悔だけはしないように』**

――活動してもらいたい。

そしてその暁には、きっと幸阪茉里乃は〝陰キャ〟から〝陽キャ〟へと変貌を遂げているに違いない。

## 関有美子

『特に私自身を指名して頂いたお仕事には、
「自分がそのお仕事に巡り会うべき運命だったんだ」——と、
無理矢理にでも思い込んでます。
どのお仕事も等しく大切だとは思いますけど、
やっぱり「関有美子と仕事をしたい」と仰ってくださった方には、
その期待の2倍も3倍も〝良かった〟と感じて欲しいので。
「仕事は選ぶんじゃない、選ばれるんだ」——って〝教え〟もあります』

現在、女性ファッション誌の専属モデルないしレギュラーモデルを務める1期生4名の先輩に次いで、「2期生からは有美子会長か保乃のどちらかに専属モデルの話が来るはず」と名前が挙がる、関有美子。

本人もモデル志向が強いことで知られているが——

**『今はやっぱり櫻エイトの保乃がリードしている』**

——と、冷静に自己分析しているという。

「彼女は2ｎｄシングルの『ＢＡＮ』がリリースされたあたりから、ある特徴的な考え方を口にするようになりました。**『プロとして目指しているのは、プロの方から望まれる自分でいること』**——というのがそれです」

『そこ曲がったら、櫻坂?』女性スタッフ氏は、ここ数ヶ月、関から個人的な相談を受ける関係にあると明かす。

「松平璃子が突然卒業してから仲の良い3人組が2人になり、逆に『**何でも話せなくなった**』そうで、そこが女子の不思議なところです。一つには自分でも『**保乃は(櫻)エイトだから**』――と話す複雑な心境もあるのでしょう。しかし決して拗ねたり僻んだりしているわけではなく、『**保乃はこれまで以上に最も身近な目標になった**』――からだそうです」(女性スタッフ氏)

そんな関は先の女性スタッフ氏の証言にもあるように――

『**プロに望まれるプロになりたい**』

――そうだ。

「合同オーディションから欅坂46に配属され、櫻坂46の新たなスタートにも立ち合う中で、彼女は『**プロは本当にスゴい**』とあらゆる現場で仕事をしたスタッフや関係者に尊敬の念を抱き、自分は『**そんなプロの皆さんから〝関有美子と仕事をしたい〟と言われる人になりたい。ならなきゃいけない**』――意識が芽生えたそうです。言ってみれば本当の意味での〝プロ意識〟でしょう」(同女性スタッフ氏)

なお、冒頭のセリフにある〝教え〟とは、どうやら松平璃子からの置き土産的なメッセージだという。

## 武元唯衣

『あまり人からどう見られているかは気にしてませんけど、
本当の私は割と単純で、たとえば10のお仕事のうち、
「これは上手くいった！」っていうお仕事が一つでもあれば、
しばらくは自信を持って（仕事の）現場に入ることができるんです。
いわゆる〝褒められて伸びる〟子なので（笑）』

学力テストでは女王・原田葵に迫り、2ndシングル『BAN』では櫻エイト入りと選抜入りを逃したものの、『BACKS LIVE!!』では最終日にその『BAN』のセンターに立った武元唯衣。アンコールで再び『BAN』のパフォーマンスで魅せてくれた時には、まさに『BACKS LIVE!!』のMVP候補に相応しい姿を披露してくれた。

「いわゆる〝平均点の高い〟メンバーで、MCのイニシアチブを取る松田里奈も、**『武元がトークメンバーに入っていると助かる』**——と、ライブスタッフに話したほどです」

『BACKS LIVE!!』ステージスタッフ氏は、そんな武元を「典型的な他力本願タイプ」と見ているそうだ。

「〝他力本願〟と聞くと誰かに頼っているだけの意味に聞こえますが、彼女の他力本願とは、ライブ会場の空気感や客席から伝わるムードで出来映えが変わる、良い意味で〝ライブで確変モードに入る〟パフォーマーだということです。さらにこれからはその他力本願から一歩進んで、会場のノリを自分で操れる〝自力本願のパフォーマー〟になって欲しいですね」（ステージスタッフ氏）

冒頭のセリフにもあるように、自らを――

**『本当の私は割と単純で、たとえば10のお仕事のうち、**
**「これは上手くいった！」っていうお仕事が一つでもあれば、**
**しばらくは自信を持って現場に入ることができるんです。**
**いわゆる〝褒められて伸びる〟子なので』**

――と分析する武元。

なるほど、まさにそれは他力本願の象徴だろう。
そこからさらに一歩進めるかどうかが、彼女の成長のカギのようだ。

## 田村保乃

『ネガティブな出来事や気持ちを次の日まで引きずらないことが、
毎日をフレッシュに過ごすコツだと思うんです。
人から「田村は何でいつも笑ってんだ?」と思われてもいいから、
私は毎日をフレッシュ&スマイルで過ごしたい。
そんなささやかなポリシーをこれからも持っていたいですね』

2ndシングル『BAN』では、「2曲目にして〈櫻〉エイトの風格を感じさせる」「3rdシングルはセンター3人の一角を崩すのでは?」と、メディア関係者からの期待が高まる田村保乃。
それもそのハズ、『BAN』のミーグリ完売状況では、堂々の一番人気なのだから。

「『BAN』のミーグリは1次受付から11次受付まで行われましたが、全30部の受付で1次完売を出したのは田村保乃、森田ひかる、渡邉理佐、大園玲の4名のみ。そのうち田村が30部のうち5部の売り切れを出し、残りの3名が3部の売り切れ、そして田村、森田、渡邉は2次受付で全30部を完売させました」(テレビ東京関係者)

大園は2次で28部を完売させ、3次で全30部を完売。
菅井友香と渡辺梨加も2次で全30部を完売させたものの、枚数制限がある1次の売り切れが0部なので、実質的な購買者数は大園のほうが多い。

「センター3人でいえば、森田は理佐に並ぶのですから大したもの。天ちゃんは4次完売、藤吉は6次完売と森田にやや差をつけられてしまっています。しかしセンター3人の誰も田村には敵わない。3rdシングルで田村がセンター3人のうちの1人に抜擢されても、サプライズではなく当然の結果と言えるでしょう」(同テレビ東京関係者)

ちなみに全11次の受付で全30部を完売させたメンバーは、ちょうど半数を上回る13名だった。

22名の日向坂46メンバーは5ｔｈシングルのミーグリで同じく全30部を7次受付までしか行わない中、19名が5次受付で完売を出している。

残念ながら勢いの差を感じずにはいられない。

「だからこそ、ミーグリの完売結果がポジションに明確に直結するような、そんな結果をファンに示さなければならないのです。かつての48グループ選抜総選挙ではありませんが、順位によってポジションが決まる。今振り返れば、あれほど公平な企画もなかったんですよ（苦笑）」（同前）

田村保乃がセンター3人の一角を崩すことで、2期生にセンターを奪われている1期生ファンも奮い立つ。

WIN・WINの関係というのも変だが、ファンが押し上げるセンターこそ、待ち望まれているのだから。

## 藤吉夏鈴

『私とひかると天ちゃん、
2曲連続でセンターに選んでもらった3人ですけど、
みんなタイプも性格も違うし、得意とすることも違う。
箱推しで櫻坂を応援してくださるファンの方には、
それぞれの良さを見つけてもらえると嬉しいですね。
そこから私の単推しになってもらえると、もっと嬉しいです（笑）』

全30部のミーグリを完売させているので、その完売スピードはともかく、最低限の責任は果たしている藤吉夏鈴。

しかしセンター3人のうち3番人気なだけではなく、実は全30部を完売させた13名のメンバーのうち、藤吉は最低の13番人気でもあったのだ。

「とはいえ完売させられなかったメンバーのうち最も売れたのが増本綺良の18部ですから、完売メンバー13名とそれ以外の12名にはイメージ以上の大差がついています。実は櫻エイトは全員30部を完売させていて、だからこそ3列目メンバー、中でも2期生の大園玲、守屋麗奈、松田里奈の3人に上回られていることで、藤吉には大きなプレッシャーがのしかかっているでしょうね」（テレビ東京関係者）

しかも松田こそ同じ6次完売だが大園と守屋（麗）は同じ3次完売で、かなり大きな差をつけられている。

「大園は2次で28部が完売、守屋（麗）は14部が完売していますが、藤吉の2次は2部しか完売していません。2期生の完売順で田村、森田、大園、守屋（麗）、山﨑、松田に次いで7番人気。本人は**『箱推しで櫻坂を応援してくださるファンの方には、（センター3人）それぞれの良さを見つけてもらえると嬉しい』**――と余裕のコメントですが、僕らから見ると、それは藤吉のプライドの証のように受け取れます。虚勢を張ることでギリギリ保っていられるかのような……」（同テレビ東京関係者）

藤吉は乃木坂46を育て、日向坂46を引き上げた坂道運営が〝認めた〟センターの一人なのだ。

全30部の完売こそが、彼女に課せられた〝使命〟。他は一切気にする必要はあるまい。

もちろん、それでも本人は納得してはいないだろう。

だが、これからの藤吉夏鈴を見ていて欲しい。

余りある伸び代が、これから遠慮なく顔を覗かせるだろうから――。

## 増本綺良

『普段の自分はすごく誤解されやすいから、
本当はもう少し社交的にはなりたいんですよ。
でも普段の自分でつき合えない人とは仲良くなれないし、
いろんな人に理解されたいから〝自分を変える〟っていうのも、
絶対に私らしくない』

相変わらず(?)オリジナリティに溢れる〝奇人〟ぶりを発揮する増本綺良。

ところが何事にも動じない、他人に何を言われても〝我が道を往く〟タイプかと思いきや、意外にも周囲の視線を気にする瞬間が見え隠れするという。

「彼女には欅坂46の新2期生として登場した時から注目しています。既存のアイドルにはない独特の空気感、クールを通り越した〝無感情〟ぶりがたまらない(笑)」(人気放送作家)

冒頭のセリフにもあるように、増本は――

『本当はもう少し社交的にはなりたい』

――願望を持ちつつも、しかし、

『いろんな人に理解されたいから〝自分を変える〟っていうのも、絶対に私らしくない』

――と、自らを一般的な常識や社会に合わせて〝繕う〟ことだけはしたくないと語っている。

だが裏を返せばそれは、むしろ周囲の視線を気にしている証拠ではないのか。

「彼女の〝らしさ〟とは何なのか?――を考えてみた時、最も〝らしくない〟のが個性を捨てることでしょう。確かに『そこさく』の出演や『BACKS LIVE!!』『W-KEYAKI FES.』を通して着実にファンを増やしてはいるものの、現実問題としてミーグリ完売までの道のりは遠い。そんな彼女に運営スタッフがすることといえば、もう少しアイドルらしく振る舞うように説得することでしょう。いくら一部のファンから個性的だと持て囃されても、売り上げを上げなければタレントとして生き残れませんからね」(同人気放送作家)

確かにそれは、突出した個性を持ち合わせているからこその悩みに違いない。

それでも我々は無責任に期待してしまうのだ。

「増本綺良は増本綺良のままでいて欲しい」――と。

## 松田里奈

『少し前にあかねんさん（守屋茜）にいろんな話を聞いてもらった時、
「自分は今〝壁〟を感じている」と打ち明けたら、
「壁はそこに辿り着いた者の前にしか現れないんだから、
まずは壁を感じるまで成長した自分を褒めてあげようよ」
――って話してくださったんです。
具体的に何かが解決したわけじゃないけど、
でも悩んでいた自分に自信の光が差したような、
そんな素敵なセリフでした』

松田里奈が頑張っていることは、彼女のファンではなくても認めているだろう。

SNSに「『そこさく』のガヤがうるさい」「連発する合いの手で気が散る」などのアンチコメントが並んでも、彼女は決して怯むことなく〝ガヤの女王〟を貫いている。

**「もし本当にそんなアンチがいるとしたら、収録番組である以上、演出サイドが（アンチを）生み出したも同然。彼女はMC席に最も近い〝ツッコミ席〟に座らされている、自分の役割を全うしているだけですからね」**

坂道シリーズのバラエティ番組を欠かさず見ているという人気放送作家氏は、『そこ曲がったら、櫻坂？』スタッフから興味深いエピソードを聞き出したと語る。

**「ほぼ固定されているメンバーの座り位置ですが、松田はその日の座り位置について、土田晃之さんや澤部佑さんに『今日はこの場所に座るんですけど、MC席から見てどんな役割をこなせばいいんですか？』――と、新しい位置を与えられた時には一から尋ねているそうです。ちなみに乃木坂46、日向坂46の番組を作っているスタッフに尋ねても、松田以外に座り位置の役割を理解しようとするメンバーはいなかったと聞きました」**（人気放送作家氏）

MC席に最も近い、つまりMCがすぐに話を振りやすい位置に座るメンバーが「どんな役割をこなせばいいか？」など、若手芸人が勉強したがる内容と同じ発想を松田は持っているのだ。

「そんな松田がSNSでアンチに叩かれたとしたら、それは彼女の努力を上手く編集で生かしていない番組の責任。しかも『そこさく』スタッフによると、アンチのコメントに実力不足を痛感した松田は、『**壁を感じる**』……と落ち込んでいた時期もあったとか」（同人気放送作家氏）

それを救ってくれたのは、冒頭のセリフにあるように前・副キャプテンの守屋茜。

**『具体的に何かが解決したわけじゃないけど、**
**でも悩んでいた自分に自信の光が差したような、**
**そんな素敵なセリフでした』**

気持ちも新たに前を向いた松田里奈は、これからも『そこ曲がったら、櫻坂？』を盛り上げてくれることだろう。

## 森田ひかる

『欅坂のデビュー曲も2ndシングルも、
表題曲のセンターに選んで頂けたのはすごく光栄ですけど、
100%の自分を出すことに精一杯で、
新しくインプットすることがほとんどないのが悩みですね。
私自身も〝塵も積もれば山になる〟みたいな、
コツコツと努力するほうが性に合ってますし……』

櫻坂46は3人のセンターと不動の櫻エイトが歌番組の〝レギュラー出演者〟ではあるが、基本的にテレビで披露するのは『そこ曲がったら、櫻坂?』を除けば表題曲になる。

「森田ひかる、藤吉夏鈴、山﨑天がセンターの位置付けでも、一般視聴者から見れば〝櫻坂46のセンターは森田ひかる〟になる。やはり『Nobody's fault』『BAN』と表題曲のセンターに立つ者こそがグループのセンターとして〝認められる〟のは当然でしょう」(テレビ東京関係者)

誰もが羨み、そのポジションを狙っていると言っても過言ではないセンターだが、森田ひかるは冒頭のセリフにもあるように、どこかでまだ『今の自分で大丈夫なのかな……』の気持ちを拭えていないようだ。

「本人が語っているように、彼女は天才型ではなく努力家タイプ。その部分を運営サイドが特に評価をしてセンターに抜擢しました。しかしご承知の通り、アイドルグループはセンターに立つ人間が最も忙しく、プレッシャーを正面から受け止めなければなりません。努力家ゆえに真面目に『100%の自分を出すことに精一杯』な彼女が『新しくインプットすることがほとんどない』――と悩むのも当然です。ただしセンター、みんなの先頭に立っているからといって、何から何まで自分でやり切らなくても構わない。時には櫻エイトや3列目のメンバーに助けられ、支えられることが成長にも繋がるのです」(同テレビ東京関係者)

センターだからといって、何もかも自分一人で背負い込む必要などない。

時にはメンバーに頼ってもいい。

それが自分の成長にも繋がるのだから。

身長約150㎝のセンターといえば、AKB48の高橋みなみ、大島優子を思い出す。

あの偉大な先輩たちのように、森田ひかるもアイドル史に名を残す〝小さな巨人〟になってくれるだろう――。

## 守屋麗奈

『私はまだ何者でもないので、
いつか自分が〝求められる〟立場になった時、
その期待に応えられるだけのポテンシャルを身につけておきたいんです。
でも具体的に何が必要で、
どんな努力をすればいいのかもわからないので、
今はたとえ無駄になったり損したりすることになっても、
目や耳に入ってくるすべての情報に貪欲になりたいんです』

気づけばミーグリで全30部の完売を叩き出し、上位人気メンバーの座をガッチリとキープした守屋麗奈。しかしそんな守屋人気に、暗雲が漂い始めていると聞けば気が気ではない。

「もちろん単なる噂レベルの話で、おそらくは次に3rdが発売された時も全30部を完売させるでしょう。しかし過去、恋愛スキャンダルを起こしたわけでもないのに人気を急落させたアイドルもいますし、そのきっかけとなった原因も様々。それゆえ次回、仮に守屋が〝学力テスト〟の結果でファン離れを招いても、決して不思議でも何でもないということです」（アイドル誌ライター）

この6月に『そこ曲がったら、櫻坂?』でオンエアされた〝学力テスト〟で、メンバー25名中、ワースト3の22位（※17位が同点2名のため）であることが判明した守屋麗奈。

各教科20点、合計で100点満点のテストで守屋が正解した点数は29点。前回に続き点数でトップに立った原田葵の86点とは、到底追いつくことのない大きな差をつけられてしまった。

「しかも同じ新2期生でミーグリ人気もトップクラスの大園玲は、原田と5点差に迫る81点で第2位。それまでファンの多くが〝玲ちゃんとれなぁは頭が良さそうに見える〟〝あのルックスでおバカなハズがない〟と一方的に期待していたようで、オンエア終了後、〝れなぁがビリから3番目とは……〟〝別に頭の良さを求めていたわけではないけど、だからこそ逆に引いてしまう〟など、SNSがプチ炎上したと聞いています」（同アイドル誌ライター）

冒頭のセリフからもわかるように——

『たとえ無駄になったり損したりすることになっても、目や耳に入ってくるすべての情報に貪欲になりたい』

——と、生真面目な性格を物語っている守屋麗奈。

その前向きで貪欲な姿勢はいずれ大きな花を咲かせるに違いない。

アイドルとしての成績は高得点を連発しているのだから、彼女は彼女のままでいてくれればそれでいいのだ。

## 山﨑天

『自分で自分を磨くのは限界があって、
私はそこまでストイックには生きられないんです。
でも自分から見て魅力的なメンバーや、
芸能界の人たちの中にいることで、
「自分もその輪の中に入れるように、
相応しい人になれるように」――って頑張れば、
一人で磨くよりも何倍も磨かれるような気がするんです』

櫻坂46運営は近い将来、「山﨑天を絶対的なセンターに据えるつもりではないか？」と噂されている。
「噂というか、運営スタッフからその意思を明かされた者も多く、それに2ndシングルのTVスポット（CM）も天ちゃんのセンター曲ばかり流されている印象がありますからね」（人気放送作家）
そんな山﨑天がこの7月20日に発売される女性ファッション誌『ViVi』9月号から、現役メンバーとして5人目、2期生としては初めて専属モデルに抜擢された。
大方の予想は「2期生から初の専属モデルは有美子会長と保乃の一騎打ち」だっただけに、このサプライズは〝山﨑天時代〟到来の幕開けではないだろうか。
「『ViVi』が坂道シリーズから専属モデルを迎えるのは初めてで、しかもグループ最年少、今年の9月28日にようやく16才の誕生日を迎える高校1年生ですからね。これまで大学生以上の女子が愛読しているイメージのViViから、天ちゃんにオファーが来たことが最大の驚きです」（同人気放送作家）
なぜViViはライバル誌が続々と坂道シリーズから専属モデルを迎えていたのに対し、山﨑までオファーを出して来なかったのか？

それは同誌には――

『ViViの専属モデルは、ただ可愛いだけではなれない。
〝女の子が憧れる女の子〟でなくてはならない。
カッコ良さとクールさも兼ね備えていなければならない』

――のルールがあるからだという。

「昨年の11月号にゲストモデルとして登場した天ちゃんを、当時の担当者が熱心に専属モデルへの道を整えてくれたとか。でもこれで、有美子会長や保乃にも専属モデルへの道が開けたと言っても過言ではありません。誰か一人が先導することで、その同期たちも引き上げられるのは、アイドル界の〝あるある〟ですからね」(同前)

本格的にモデルの仕事をすることで、一流の中で磨かれる山﨑天の才能。
ここまでお膳立てが整っているのだ。
あとは〝当然〟といった顔で、センターに立てば良いのだ――。

2nd Chapter

★★

# メンバー・エピソード

Episodes of SAKURAZAKA

彼女たちが彼女たちである理由。

# 上村莉菜が秘める『ロッキン』への特別な想い

「上村莉菜は櫻坂46としての『ロッキン』出演を、誰よりも喜んでいたといいます。意外な反応にも思えますが、彼女は欅坂46初出演の2017年以降、毎年のように**『今年もロッキンに出たい』**――と繰り返していたほどの〝ロッキン贔屓〟なのだとか」(人気放送作家氏)

通称ロッキンこと『ROCK IN JAPAN FES.』。

毎年8月、茨城県ひたちなか市の〝国営ひたち海浜公園〟で行なわれてきた真夏のビッグイベントの一つだが、欅坂46は初出演の2017年から2019年まで3年連続出演。

2020年の昨年は新型コロナ感染の拡大で開催中止に追い込まれたが、今年は1日の最大収容人数の上限を1万人に制限して開催。全国のフェス大好き音楽ファンにとって、これほど嬉しいニュースはないだろう。

「実は昨年も、当時の欅坂46に出演オファーが届いていました。ロッキンは欅坂46が観客に受け入れられ、アイドルの枠を越えたパフォーマンスグループとして認められるきっかけになった音楽フェスで、メンバー全員が自信をつけたイベント。それゆえ1期生の中には、紅白歌合戦の出場よりもこだわるメンバーがいるほど。上村もその一人なのでしょう」(同人気放送作家氏)

たとえば卒業生の佐藤詩織も、自らのSNSで「今年は客席側で楽しみたい」と発信していて、もしや櫻坂46が出演する8月7日、ステージの上と下での共演が叶うかもしれない。

「6月の『BACKS LIVE!!』、7月の『W-KEYAKIZAKA FES.』、そして8月の『ロッキン』と、今年の夏の櫻坂46は、昨年の分もアツく燃えてくれそう。しかも今年のロッキンは観客側の制限だけではなく演者側も1日8組(+1組)と限定され、全観客の注目がステージに集まる。櫻坂46にとっては新たな挑戦の始まりなのです」(同前)

ちなみに櫻坂46が出演する8月7日の『ROCK IN JAPAN FESTIVAL 2021』にはKing Gnu、Cocco、SUPER BEAVER、the HIATUS、宮本浩次、UNISON SQUARE GARDEN、WANIMA、藍色アポロが出演する。

「このメンバーに混じって櫻坂46がどこまでやれるのか? King GnuやWANIMAなどフェスを盛り上げることにおいては、今の音楽シーンを代表するクラスのアーティストが揃っています。2017年、平手友梨奈がロックファンの度肝を抜いた時と同じインパクトを与えられるとまでは言いませんが、何よりもロッキンの開催を楽しみにしていた上村たち1期生が、肌で感じた2017年の興奮にどこまで近づけるかが楽しみです」(同前)

当の上村は最終発表された合計40組(+4組)の出演者を見渡して――


『個人的には8日に出たかった。

まずYOASOBIさんが初めてお客さんの前でライブを行うのがこの日だって聞いて、どうしても生でikuraさんの歌を聞いてみたかったからです。

もちろん皆さん素晴らしすぎるアーティストさんですけど、ikuraさんの歌はちょっと別格に聞こえるじゃないですか』

――と、余裕すら感じさせるリアクションだったそうだ。

「確かにikuraちゃんの歌は生で聞いてみたいけど、4回目の出演にして上村にはすっかり〝大御所臭〟が漂ってませんか(笑)? そもそもどの日がいいとか悪いとか比較が出来ないほど人気アーティストが揃っている上に、自分たちもその中に入っているんですから」(同前)

ここまで肩の力が抜け、自然体で出演することができそうな上村莉菜。

しかし得てして伝説とは、誰も予期していないステージから生まれるもの。

櫻坂46が新しい伝説の第一歩を踏み出すとしたら、後に——

「ロッキンが櫻坂46に相応しいフェスだった」

——と言われる日が来るのかもしれない。

## 親友〝おぜりさコンビ〟の関係性

『そこ曲がったら、櫻坂?』(テレビ東京)の番組企画〝櫻坂46センス女王決定戦〟写真部門において、渡邉理佐が自信満々に披露したのが尾関梨香の写真。

〝人生で最高の1枚〟というテーマで渡邉が選んだのは、なんと「尾関の泣き顔」だったのだ。

「この部門に参加したメンバーの大半は、自然の風景や芸術的な写真を披露しました。〝センス女王〟の決定戦ですから100%正解とは言いませんが、それが無難なチョイス。ところが理佐は尾関の泣き顔の写真に『しくしくおぜちゃん』とのタイトルを付け、親友でしか撮れない、または撮れても公には出せない作品を持ってきたのです」(『そこさく』スタッフ氏)

その1枚が物語る、渡邉理佐と尾関梨香の関係性。

メンバーの誰もが「かわいい!」と声を上げ、土田晃之と澤部佑は――

**『尾関史上最高の写真なんじゃない!?』**

――と盛り上がる。

さらに写真を撮った渡邉よりも、撮られた尾関のほうが〝誇らしげ〟な顔をしていたのが最も印象的なシーンだった。

渡邉理佐、1998年7月27日生まれで今年23才。

尾関梨香、1997年10月7日生まれで今年24才。

年令では尾関のほうが〝一つ上のお姉さん〟だが、普段の2人を知る者は「理佐のほうが2才ほど年上のようなイメージ」と声を揃えるのが『おぜりさコンビ』。

「2人がファンの皆さんにコンビ認定されたのは、それこそ2017年ぐらいの話ですからね。もうかなり年季が入っています（笑）」（同『そこさく』スタッフ氏）

現在活動休止中の尾関梨香は、渡邉理佐について――

『子供のようにいつもかわいがってくれる』

――ところが好きだと語り、渡邉も、

『すべてがかわいくて愛しい』

――と答えている。

「大所帯のアイドルグループには運営サイドが歓迎する〝親友設定〟があり、時にはその振る舞いや発言にまで細かい指導が入ります。他所様のことを云々言うつもりはありませんが、たとえばAKB48の前田敦子には運営が望む〝時期別〟の親友メンバーがいました。ホラー映画『伝染歌』が公開された2007年当時は、映画の主演で同じプロダクションに所属する大島優子。高校2年から3年当時、少しずつ大人に成長していく時期にはファッションリーダーの篠田麻里子。AKB48を卒業する1年ほど前からは、後にその卒業コンサート3Days初日に総監督に指名される高橋みなみ。それぞれ前田を引き立てるため、親友の〝役割〟を演じたのです」(同前)

尾関と渡邉の関係は、〝前田敦子とゆかいな仲間たち〟のようなビジネス親友ではない。

特に最後の高橋みなみなど、親友扱いされ始める直前まで「あっさん」と微妙な敬称を付けて呼んでいたのに、親友設定とともに「敦子」と呼び捨てになり、古参ファンの失笑を買ったと言われるほど。

「甘えん坊で年下キャラの尾関は、理佐を人間的に好きな理由に『(渡邉の)きちんとした性格』――を挙げています。何種類もの化粧品を使いこなすモデルたちは、イメージとしてメイク中は周囲を汚しがちに思いますが、理佐は決してそんなところがなく、メイク中だからこそ几帳面な性格が一番よく見えるのだとか。時には自分のメイク回りもきれいに片付けてくれるので、尾関は『**ますますズボラになってしまう**』――と悩んでいる〝フリ〟をしていますよ(笑)」(同前)

全国ツアーで地方に遠征した際には、よく相部屋になる2人。

そんな時は渡邉が水回りを常に綺麗に保っていたいタイプゆえ、尾関は自分が水回りを使った後にしっかりと水を拭いておくそうだ。

まさに綺麗好きの姉(渡邉)、それを見習う妹(尾関)。

〝おぜりさコンビ〟の関係性は、仮に2人が櫻坂46を卒業した後もずっと続いていくに違いない。

## 〝甘えん坊〟か〝クール〟か？ ――小池美波の真の姿とは？

「『そこさく』や歌番組のゲスト以外で小池の姿を見るのは、いい意味で新鮮でした。レギュラー番組にはない緊張感が、彼女の新たな表情を引き出してくれる。6月にオンエアされたテレ朝の番組なんか、特にその代表のような番組でしたね」（テレビ番組情報誌記者）

小池美波が出演したテレビ朝日ネオバズ！枠の『ビビらせ邸 ～TRICK HOUSE～』は、男女7名のタレントを様々な仕掛けで驚かせながら、最後まで心拍数を上げずに〝ビビらなかった〟生き残りを決める心拍数サバイバルゲーム。

この4月から月1レギュラーとしてスタートし、小池は6月のオンエアに山﨑天と共に出演。その他の出演者（合計7名）にはアンジュルム・上國料萌衣、タイムマシーン3号・関、コロチキ・ナダル、THE RANPAGE・長谷川慎、3時のヒロイン・福田らがいた。

「クールな見た目通りに動じないのか、小池が取り乱すイメージもないものの、最初はかなり半信半疑でした。結果的には自分の予想や期待はいい意味で裏切られましたけど」

話してくれたのは、当の『ビビらせ邸』制作スタッフ氏だ。

「今年1月の特番には乃木坂46の田村真佑、レギュラー第1回目には日向坂46の金村美玖と加藤史帆が。そして5月の前回は乃木坂46の阪口珠美と、毎回坂道シリーズから1名ないし2名が出演しています。電流ショックをはじめ過激な仕掛けもあるので、小池は収録入りした時点から『どこに何（仕掛け）があるかわからない』――と、ずっと腰が引けていました」（『ビビらせ邸』制作スタッフ氏）

小池は――

『昨日は全然眠れなかった。

今までの回を見てきたんですけど、それを見てても結構ビックリしちゃってたので、「これをリアルで体験したら怖いだろうな」……と思って寝られなかったんです』

――と、いきなりの不安顔。

一方の山﨑は――

『なかなかずっとビビり続けさせられる機会がないので、すごく貴重な経験でした』

――と度胸も座っているのに（笑）。

そして2人にとって〝ビビる〟というよりもあまりにも恥ずかしい体験になったのが、メンバーの松田里奈、井上梨名、武元唯衣がVTRで登場する暴露話だった。

「番組スタッフがそれぞれの暴露話についての有無を尋ねると、3人は嬉々としてエピソードを暴露。特に小池については、まず武元が『後輩に対してすごい甘えモードになる』――と語り出すと、自覚しているのか、小池があたふたとし始めたんです」（同制作スタッフ氏）

武元に続いて井上が――

『メイクをしてもらっている時、後ろからちょこちょこと子犬みたいに来て、耳元で「いのり（※井上のニックネーム）を見たらキューってしたくなる!」――と囁かれた』

――と言うと、松田は井上と、

『甘いね』
『甘かったな～』

――とイジりながら、自らのエピソードに。

そのエピソードとは、控室でボ～っとしていた松田のもとに、キャスター付きの椅子を漕ぎながら近寄ってきた小池が急に抱きついてきて――

**『「みぃーはまつりちゃんの犬系彼氏やで！」**――って言うんです』

――という、かなり恥かしい暴露話。

「さすがにこの話は公開されたくなかったのか、小池は耳まで真っ赤にして恥かしがっていました（笑）。**すかさず3時のヒロイン・福田麻貴が『これは普段からだいぶイジられてる可能性あるね』**とツッコミ、小池も**『そうですね。裏でこっそりやられてるんだろうなと今気づきました』**――と笑うしかありませんでした」（同前）

しかしそれでも小池の心拍数は上がることなく、余裕でこのピンチを切り抜ける。

「僕らが知らないところでは〝後輩に甘えるヘニョヘニョしたキャラクター〟なのに、それを暴露されても心拍数の変化はない。もしかしたら後輩に対しての甘えん坊ぶりも完全に確信犯で、後輩たちが〝どう対処していいのか焦る〟姿を見て楽しんでいるのでは」(同前)

果たして〝甘えん坊〟なのか、〝クール〟なのか？

小池美波の素顔と真の姿とは？

……それが永遠のテーマかもしれない。

## 小林由依が示す櫻坂46の〝核〟としての存在感

櫻坂46の〝顔〟は森田ひかる、藤吉夏鈴、そして山﨑天の3人のセンターとする意見もあるが、しかし欅坂46時代を通じ、ほぼ常時パフォーマンスの〝核〟になってきた小林由依、そして渡邉理佐とする声もいまだ多数を占めている。

「絶対的エースの平手友梨奈、さらには今泉佑唯、長濱ねるがグループを去った後、横滑りの形とはいえ小林と渡邉が〝扇の要〟の位置に立ってきました。特に櫻坂46に改名し、2期生の3人がセンターに抜擢された『Nobody's fault』『BAN』と2曲のシングル曲をリリースした今、むしろ小林と渡邉の存在感は増すばかりです」

坂道シリーズに詳しい人気放送作家氏は〝ギョーカイ内の評判〟としてこう話す。

「どちらかといえば6対4ぐらいの割合で、より小林に注目する声が大きいです。彼女は欅坂46からの伝統ともいえる力強いパフォーマンス力を持ちながらも、乃木坂46のような透明感のあるグラビアを得意とし、そこに品格すら漂う美しさを誇っています。さらに日向坂46のトレードマークとでもいうべき天真爛漫な笑顔や、時おり番組で見せる悪戯っ子のような無邪気さなど、坂道シリーズの長所をすべて詰め込んだかのようなキャラクターに成長しました」

坂道シリーズの代表メンバーによる配信ドラマ『ボーダレス』最終回で披露したウェディングドレス姿は、確かに息を飲むほどの美しさと気品に溢れていた。

「3グループの人気メンバーやセンター経験者が選抜され、あの大ベストセラー『ストロベリーナイト』シリーズで知られる誉田哲也の同名小説を実写化した今回の作品は、平行して進行する4つの物語が〝ある事件〟をきっかけに交錯していく本格ミステリードラマです。すでにひかりTV、ひかりTV for docomo、dTVチャンネルでのレギュラー配信は終了しましたが、これまでに制作された坂道シリーズメンバーによる連続ドラマの中で、圧倒的にナンバーワンだとする評価が定着。驚かされたのはグループの垣根を越えて共演したメンバーたちの、演技における相性の良さでした」

（同人気放送作家氏）

乃木坂46の遠藤さくらと早川聖来、櫻坂46の小林由依、渡邉理佐、森田ひかる、そして日向坂46の齊藤京子、濱岸ひより。3グループ、7名のメンバーがそれぞれ抜群の演技力で競う様は、まさに〝圧巻〟のひと言。

中でも別のグループに属する渡邉理佐と濱岸ひより、小林由依と早川聖来が姉妹役を演じる設定は、思わず唸らされるほどのハマり役だった。

「また父が経営する喫茶店で働く琴音（小林）のウェディングドレス姿と、それを見つめる父（宮川一朗太）の涙。本格的なサスペンスドラマの合間に訪れた、一瞬の感動にも引き込まれました。ベテラン俳優の宮川も『**みんなの真摯な芝居には本当に感激した**』――と、後に語っていたそうです」（同前）

この『ボーダレス』を通し、自らの女優としての適性を証明した小林由依。

さらにこの夏、日向坂46と共演する『W-KEYAKI-ZAKA FES.』についても——

『今の私たちはメンバーの誰かがちょっとしたミスをしても、
すぐに他のメンバーがフォローをしてカバーすることができてます。
それにセンター1人だけにすべてを背負わせてしまうのではなく、
周りにいるメンバーたちも同じ気持ちを共有し、支えていくことができれば、
「グループ全体として強く見えるんじゃないかな」って思ってます。
私は櫻坂をそういうグループにしていきたいので、
『W-KEYAKI-ZAKA FES.』でそれを証明してみせたいですね』

——と、力強さを感じさせる笑顔で語ったほど。

なるほど『センター1人だけにすべてを背負わせてしまう』云々は、過去の反省から来るセリフだろう。

紛れもなく小林由依は、櫻坂46の〝核〟としての存在感を示してくれたのだ。

## 『BACKS LIVE!!』で齋藤冬優花が後輩たちに託した想い

6月16日から18日までの3日間、東京ディズニーリゾート敷地内にある舞浜アンフィシアターで開催されたのが、櫻坂46『BACKS LIVE!!』の3daysライブだった。

「欅坂46のラストライブも櫻坂46のお披露目ライブも、共に新型コロナ禍で無観客ライブしか行えませんでした。今回、期間中の東京都は緊急事態宣言下にありましたが、会場の千葉県は〝まん延防止等重点措置〟地域だったので、運営サイドも櫻坂46に改名して以来、初の有観客ライブに踏み切ったのです」(テレビ東京関係者)

櫻坂46としてのオリジナル曲13曲にアンコール2曲を加え、合計15曲のセットリストでおよそ2時間から2時間30分のライブを披露した。

櫻坂46『BACKS LIVE!!』【出演メンバー】
上村莉菜、齋藤冬優花、土生瑞穂、原田葵、守屋茜、渡辺梨加
井上梨名、遠藤光莉、大園玲、大沼晶保、幸阪茉里乃、関有美子、武元唯衣、増本綺良、松田里奈、守屋麗奈
（※尾関梨香は活動休止中）

櫻坂46『BACKS LIVE!!』【セットリスト】
（以下、カッコ内はセンター。丸数字は1日目～3日目を示す）

Overture
01. Nobody's fault（①土生②遠藤③井上）
02. Plastic regret（原田）
03. 半信半疑（松田）
04. Microscope（幸阪）

05. 偶然の答え（関）
06. 君と僕と洗濯物（渡辺梨）
07. ブルームーンキス（守屋麗）
08. 最終の地下鉄に乗って（上村）
09. 思ったよりも寂しくない（守屋茜）
10. それが愛なのね（①遠藤②武元③土生）
11. なぜ 恋をして来なかったんだろう？（大園）
12. Buddies（増本）
13. BAN（①1大沼②齋藤③武元）

EN1. 櫻坂の詩
EN2. Nobody's fault（①土生）、Buddies（②増本）、BAN（③武元）

ここまでのエピソードでも何回か触れているように、各楽曲のセンターはそれぞれ立候補制だ。

しかしながら全員曲の『櫻坂の詩』を除けば13曲となり、それでも休演した尾関を除く16名では〝1人1曲センター〟の原則が成り立たず、うち3曲が持ち回りでのセンターにならざるを得なくなる。

「すると今度は持ち回り曲のセンターを担当するメンバーの中に、3日間で2曲を担当する者と3日間で1曲しか担当しない者が出てしまい、1曲しか担当しない3名には3日間のセットリストで大きな不公平感が生まれてしまったのです」（同テレビ東京関係者）

もっとも3日間で2曲のメンバーも、同じ曲を3日間通してセンターに立つメンバーに比べれば、不公平といえば不公平になってしまうのだが。

しかしここで驚かされたのは、欅坂46時代からパフォーマンスを引っ張るダンス番長だった齋藤冬優花が、いくら2ndシングル表題曲の『BAN』とはいえ、3日間で1曲しかセンターに立たないメンバーに入っていたことだった。

「これについては驚いたファンの方も多く、リアルな話、大沼が『BAN』初日のセンターを務めたぐらいですから、〝あまりダンスが得意ではないメンバーでもよかったんじゃないか？〟の意見もありました。しかし齋藤が持ち回りセンターの、それも1曲しか担当しなかったのは、本人の強い意思だったのです」（同前）

立候補制とはいえ、必ず全員がセンターに立てる『BACKS LIVE!!』。

ならば齋藤はまだ有観客ライブの経験が少ない2期生たちに、その醍醐味を味わわせてあげようとあえて持ち回り曲のセンターを、それも1日しかセンターに立たないように運営に頼み込んだのだ。

「このライブのテーマが〝後ろから櫻坂46を強くする〟ですから、そのためにもできるだけ後輩たちのポジションを増やしたかったそうです。また遠藤や武元など以前からパフォーマンスに定評がある後輩には、複数曲で場数を増やしてやりたかったのだと。そんな齋藤の想いが2期生にも伝わったからこそ、3日目の感動的なMCにも繋がったのでしょう」（同前）

1期生の守屋と齋藤、そして新2期生の遠藤、大沼、幸阪、増本のMCコーナーでは、新2期生4名がそれぞれ守屋と齋藤に感謝を伝える手紙を読み上げ、齋藤の目には大粒の涙が。

そして逆に2人から4名へサプライズで手紙を渡すと――

『このライブまでの1ヶ月間でお互いのことをすごく知ることができたので、こういう手紙を書けたんじゃないかと思います。練習期間も含め、大事なライブになったと思います』

——と、課題をクリアした達成感を語った。

「その最終日のWアンコールで、『BAN』のセンターを務め上げた武元を齋藤がハグで迎えたのです。あのシーンには、齋藤がライブに懸ける想いが溢れていたと感じました」(同前)

あえて〝3列目〟と言わせて頂こう。

3列目の彼女たちは、想像以上に、期待以上に強くなったに違いない——。

## 菅井友香の〝カーテンの向こう側〟にある本音

月刊誌『日経エンタテインメント!』の連載をまとめた初の著作『あの日、こんなことを考えていた』が今年のゴールデンウィーク明け、5月6日から発売された櫻坂46キャプテンの菅井友香。

「『日経エンタテインメント!』誌での連載は2018年7月号から現在も継続していて、すでに丸3年を経過して4年目に突入。今回の著作は、その連載スタートから昨年11月号までの『菅井友香のお嬢様はいつも真剣勝負(※連載タイトル)』が完全収録されています。ちなみに著作のタイトルは秋元(康)先生が命名したとか」(スポーツ紙 坂道担当)

さすが〝思わせぶりな〟タイトルがお得意の秋元氏だが、本誌の連載も2020年12月号からタイトルを変更してリニューアル、『いつも凛々しく力強く』になっている。

著作には完全収録された連載の他、新規の撮り下ろしショットや櫻坂46メンバーへ贈る言葉。さらには菅井のプライベートをテーマに新たに書き下ろした文章が加わるなどサービス満点。しかも特製ポストカードが3枚も封入されていて、〝連載+フォトブック〟のような仕上がりだった。

「帯には書籍タイトル『あの日、こんなことを考えていた』を命名した秋元先生からの推薦文も備わっていて、そこには『菅井友香はいつだって等身大だ。正直すぎるんじゃないかと、まわりが心配するほどである。今からでも遅くない。みんなであの頃の菅井を支えてあげて欲しい』――とあります。〝あの頃〟がいつを指すのかは読者の感性に委ねられるところ。初回の原稿を書いた時期を2018年の春先だと推測すると、それから昨年の櫻坂46改名までの間、〝どこの菅井が最もしんどかったか?〟……候補がありすぎて選べませんよ」(同スポーツ紙 坂道担当)

おそらくは平手友梨奈不在の紅白歌合戦から卒業までの時期、中心メンバーがどんどんと抜けていった時期が、キャプテンとしては最も苦しかったと想像する。

「ただし平手や鈴本が卒業してしばらく後、たまたま彼女と少し話せるチャンスがあったので〝メンバーの卒業から立ち直った?〟と尋ねてみた時の話です。すると彼女は『卒業したメンバーも現役のメンバーも、全員がそれぞれオリジナルだから替えなんて利きません』と言うと、力強く『でも私の役目は卒業メンバーの面影を追うことじゃなく、残る1期生と2期生をまとめ、ちゃんと引っ張ること。だから全然、そんなことを気にする暇なんてありません』――と返してきました。彼女は単なる深窓のご令嬢ではない。ビシッとした信念の柱が体の真ん中を貫いて立っている人。そんな強さを感じましたね」(同前)

そう、秋元氏が何をどう語ろうとも、菅井友香はいつも——


**『支えられるよりも私が支えなければいけない。**

**そうじゃないとキャプテンでいる意味がない』**

——と考えるタイプなのだ。

「確かに著作の連載パートや加筆パートには、菅井のそれなりの悩みや苦しみに触れてはいます。しかし日々の葛藤やそれを克服するための奮闘は、彼女ではなくても誰だって経験していること。あえて内容に詳しくは触れませんが、連載では触れられなかった数々のターニングポイントでの本音や舞台裏、24人のメンバーに贈る感謝のメッセージ、欅坂46から櫻坂46への転換期に彼女は何を考えていたのか——それらを知り、菅井友香を理解するきっかけの一冊だと思います」(同前)

おそらくはそれでも、最後の最後、ギリギリで見えないカーテンが引かれているに違いない。

菅井友香の〝カーテンの向こう側〟には何があるのだろう。

しかし何より大事なことは、これからの彼女が櫻坂46を率いてどのようなグループにしていくのか。

それが彼女にとって何よりも大事なことであるに違いない——。

# 土生瑞穂の〝美〟へのこだわり

いきなりだが、芸能人YouTube動画の人気配信ジャンルに〝モーニングルーティン〟がある。今さらご説明は不要だろうが、朝起きてから仕事に出かけるまでのルーティン、習慣を撮影したもので、憧れの芸能人の朝の習慣を覗き見、食事からメイクアップ、ファッションセンスなどを参考にすることができるのが人気の秘訣だ。

**「モーニングルーティン、あるいは就寝前のナイトルーティンは、女性タレントやモデルだけではなく、男性タレントも積極的に参加、人気を得るジャンルであることが大きな特徴です。モーニングルーティンの女王といえば圧倒的にローラですが、男性はROLAND、手越祐也、藤森慎吾らが人気を争っています」**（ベテラン放送作家）

さらに最近では芸能人個々のアカウントではなく、たとえばジャニーズJr.チャンネルのような芸能事務所公式アカウントでもルーティン動画を制作し、人気コンテンツとして浸透していると聞く。

「48グループは数年前からYouTubeに個人アカウントを持つことが許されていて、たとえば元NMB48の吉田朱里はメイク動画で女性ファンを増やし、トップクラスのメンバーに上り詰めました。しかし坂道シリーズはグループごとに公式チャンネルは持つものの、それらは基本的にはシングル曲のミュージックビデオ、特典映像、さらにはライブ映像やその舞台裏などを公開するのが精一杯で、個人のルーティン動画やメイク動画を流すものではありません」(同ベテラン放送作家)

しかし中には、女性ファッション誌の専属モデルを務めるメンバーたちが、その雑誌の公式チャンネルに登場。いわゆるYouTuberっぽい動画の再生回数は、坂道シリーズのメンバーたちが圧倒的に稼ぎだしているそうだ。

「最も顕著なのが、女性ファッション誌『bis』が運営するbisチャンネルのエース、乃木坂46の与田祐希です。同チャンネルの再生回数上位は、bisのレギュラーモデルを務める与田の動画が独占していると言っても過言ではありません。モーニングルーティンではなく単なる〝質問コーナー〟の動画でも、与田が視聴者の質問に答えるために愛用ポーチの中身やコスメを紹介しただけで、当時チャンネル登録者数3万人のチャンネルがアッという間に50万回再生を叩き出しました」(同前)

この与田と同じくbisレギュラーモデルの日向坂46・金村美玖も、質問コーナーの動画に出演。

またbisと同じく光文社が発行する『JJ』の公式チャンネルでは、日向坂46・高本彩花の〝美容ナイトルーティン〟動画が大人気。同じく専属モデルを務める乃木坂46・樋口日奈のルーティン動画と共に再生回数の上位を競い合っている。

「高本、そして樋口と来れば、当然のように土生瑞穂の名前も挙がるはず。ところがそんな2人に対し、今のところ土生のルーティン動画だけが上がってこないんですよ。女性人気の高い土生ですから、いかにももったいない気がします」(同前)

普段の土生はだらしなくて、モーニングルーティンを撮影するのも憚れるのか……などの噂も飛び交ったが、実のところ「どうやら彼女のモーニングルーティンはレベルが高すぎるので、一般の読者層から共感を得られない」ようだ。

―起きたらまずカーテンを開け、新鮮な空気を吸って体にスイッチを入れる。

―自然光を浴びて体内時計をリセット。

―寝汗をかいてしまうので、起きたらベッドに布団乾燥機をセット。

―朝食にはフルーツを入れたスムージーを手作り。
友香に教わったGran Medic VITAMIN C PREMIUMというサプリも摂取。

―朝風呂を浴びた後、Milk Touchグロッシーモイスチャーパッドでほてりをクーリング。
角質ケアと保湿を丁寧に。

―撮影の日は低周波ケアで小顔に。
エレクトロン エブリワン デンキ バリブラシとEXTREME スキンローションで。

ちなみにこれは、あくまでも『わかりやすいポイント』で、実際の手順は何倍も増える。

「ナイトルーティンは〝朝の3倍〟。朝よりも夜にしっかりとケアをしているから、『**朝は簡単に済ませられる**』――そうです。〝簡単〟というのは、あくまでも本人の弁ですが、これを動画にしても〝さっそく真似してみよう！〟とはなかなか思えないでしょう」（同前）

そうか、土生はモーニングルーティンやナイトルーティンなど日々の努力こそが〝本物の美を作る〟ことを理解しているからこそ、お手軽にルーティン動画を撮ろうとしないのだろう。

それは土生瑞穂のモデルとしての〝こだわり〟なのかもしれない。

土生が美容ルーティン動画をアップして〝美の秘訣〟を見せてくれるのは、果たしていつだろうか――。

## 原田葵がついに見つけた〝新キャラ〟

もう一つのエピソードからも何となく〝ニュアンス〟は感じ取って頂けると思うが、原田葵は日向坂46の影山優佳に対し、強烈なライバル意識を抱いているという。

「まずは大学受験を理由に長期の活動休止を申し出たメンバー同士で、つまりは〝真面目なお勉強キャラ〟の共通点があること。しかも原田は1年2ヶ月、影山は1年9ヶ月もの休止期間を経て復帰すると、休止前とは違って〝本格的なサッカー好きアイドル〟として売れている影山に、明確な需要差をつけられてしまったこと。原田にすれば影山は、もともとは自分たちの〝アンダーメンバー〟として募集したグループですからね」（人気放送作家）

年令は21才の原田と20才の影山と1才差で、しかも誕生日は5月7日生まれ（原田）と5月8日生まれ（影山）の1日差。因縁を感じないというほうがウソだろう。

「現在、影山は不定期ながら〝スペシャルアナリスト〟のポジションで『FOOT×BRAIN』（テレビ東京）に出演。現役の日本代表クラスの選手に〝彼女は本物のサッカー馬鹿レベル〟と認められ、中学2年生の時には〝サッカーを深く知りたい〟の理由で4級審判員の資格を取得したほどの筋金入りです。もちろん小学生の頃から選手としての経験があり、そんな影山にたとえどんなキャラでも付け焼き刃の知識や経験で立ち向かうのは無謀。それゆえに原田は苦しんでいるのです」（同人気放送作家）

そんな原田が『ついに見つけた！』のが、意外にも〝精力グルメ〟キャラだという。

「現代では日常の食生活ではなかなか補えない、不足しがちな栄養素はサプリメントの摂取で補うことが普通です。また今はタレント、特に俳優の間ではダイエット効果も得られる〝生酵素〟も人気。すると原田はそこに目をつけ、**『単なるサプリじゃ面白くないというか注目されないから、昔から精がつく食べ物として知られているウナギやスッポン、ニンニクとかを食べるキャラクター』**――を生み出そうとしているそうです」（同前）

とはいえ、21才のアイドルが『精がつくグルメが大好きで〜す』と口にする姿を見たことがない。

それにしても原田は、なぜそこに着地したのだろう。

「きっかけは乃木坂46の与田（祐希）ちゃんのようです。原田は朝のワイドショーで与田ちゃんがモーニングルーティンにしている食べ物を知り、**『これだ！』**――と大きなヒントを掴んだのです」（同前）

それは本場・熊本産の〝馬刺〟だった。

「日本テレビ『スッキリ！』で与田ちゃんが〝朝はご飯に馬刺しを食べている〟と発言。最初は『福岡出身の与田ちゃんが熊本の馬刺？　熊本出身ならわかるけど……』と思ったそうですが、『逆に、だからか!?』――と閃き、自分もすぐに取り寄せたのです」（同前）

原田によると馬肉は『たんぱく質も豊富だしヘルシーで精もつく』そうだ。

『全然生臭くないし、タレが美味しい！
ある意味、馬肉が美味しいというよりも、お肉に付いてくるタレが美味しくて食べていました。
次はスッポンに手を出すのは安易だから、昆虫食はどうかな？
いつもアイドルの罰ゲームとして使われるけど、逆にいうと、それだけじゃもったいない（笑）』

仕事に出かける身支度を整え、時間に余裕をもってゆっくりと馬肉の朝食を食べる原田。

このモーニングルーティンは、土生瑞穂に負けず劣らず、彼女の高い〝プロ意識〟の成せる技だろうか。

原田葵の〝精力グルメキャラ〟が今後どう展開されていくのか、楽しみに見守ろうではないか。

## 守屋茜が悩みに悩んだ〝暴露写真〟

テレビ東京『そこ曲がったら、櫻坂?』では、たびたびメンバー同士の〝暴露企画〟がオンエアされるが、後に――

**『あの写真は公開するんじゃなかったのかも……』**

――と悩みに悩んだのが守屋茜だったという。

「それはメンバー同士だから知っている〝あの子のレア情報教えます!〟企画でした。守屋のネタを暴露したのは尾関梨香。しかし暴露とはいっても基本的には本人と番組スタッフが笑えて、かつ大きなイメージダウンを招かないことが鉄則です。打ち合わせの段階ではむしろ『これって、あかねんのイメージアップに繋がりません? 芸能人だからってチャラチャラせず、将来を見据えた倹約家だってこと』――と、尾関もスタッフも、もちろん守屋も手応えを掴んでいたのです」

このセリフからもおわかりの通り、話してくれたのは『そこ曲がったら、櫻坂?』番組スタッフ氏だ。

「尾関が明かす守屋の暴露ネタは、守屋が〝電気代を節約するため、夜部屋にいてもほとんど電気を点けずに生活している〟――という暴露でした。宮城県仙台市から欅坂46のオーディションに合格して上京した守屋は、当初『東京は真夜中でも明るいから、カーテン閉めなければ電気もいらない』――と思ったそうです」(番組スタッフ氏)

小学生の頃、少女向けファッション誌に興味を持ち始めると、やがて芸能界、アイドル界へとその興味が広がり、前田敦子に憧れた守屋茜。

やがてアイドルよりも〝お堅い〟職業でもある女子アナを目指して大学進学を志したが、ラストチャンスで欅坂46オーディションを受験。アイドルとして東京に向かう。

「仙台は東北随一の都会ではありますけど、物価も何もかも高い東京に上京し、もちろん都会暮らしを満喫できるほどの給料がもらえない中、自然と節約癖が身についたのでしょう。尾関も力説していましたが、それは恥ずかしいことではなく、節約家でしっかりした良いお嫁さんになれる資質でもある」(同番組スタッフ氏)

だが番組MCの澤部佑は――

『節約で電気消すって、（節約の）最終形態の人がやるもの』

――とツッコみ、同じくMCで家電芸人でもある土田晃之からは、

『LED（電球）を使えば、全然電気食わない』

――とのアドバイスが。

しかしながらLEDは電球自体が高いので、目先の節約には不向き。

すると守屋は――

『無駄に光を浴びなくていいんです。冬もエアコンをつけませんし』

――と告白、2人を驚かせた。

さて話がここで終われば、冒頭の『あの写真は公開するんじゃなかった……』との嘆きや反省が出ることはなかっただろう。

なんと守屋はここで〝ベッドで寝ている自分の姿〟を写真に撮って公開。

そこにはマスクをつけて天井を真っ直ぐ見つめ、おでこに何やら乗せている彼女の姿があったのだ。

おでこに乗せていたのは、冷蔵庫で冷やした〝ヒマラヤ岩塩〟入りフェイスピロー（枕）で、これで脳の熱を取って休ませるのだという。

さらに体の下には〝遠赤外線が出る〟岩盤マットを敷き、きっちりと空気清浄機をスタンバイ。

電気は消してもそれだけスイッチが入った家電があれば、明らかに電気代の節約からはほど遠い。

「むしろ無駄遣いでは？」のガヤが飛び交うことに。

そんな彼女が公開した寝ながらヒマラヤ岩塩で熱を取る写真に、スピリチュアル系のファンが一気に増えたそう。

守屋によれば――

『自分はスピリチュアルに詳しくないので、話があまり盛り上がらずに申し訳ない。でも来て頂いたファンを逃がすわけにはもっといかないので、ちょっと頑張ってパワーストーンから勉強中です（笑）』

――とのことだ。

もしかすると、たった1枚の写真が、守屋茜の運命を変えるかも――。

## 悩める渡辺梨加が究める〝キャラ〟とは?

もう一つのエピソードでもお話ししているが、女芸人きっての〝ゴリラキャラ〟オアシス・大久保佳代子から太鼓判を押された、渡辺梨加の〝世界一美しい〟ゴリラキャラ。

しかし『そこ曲がったら、櫻坂?』(テレビ東京)視聴者の皆さんならば、渡辺がなぜゴリラキャラにならなければいけないのか、首を捻らざるを得ないだろう。

「**梨加は『キャラがない』――なんて言ってますが、櫻坂46きっての〝カレー好きキャラ〟として認定されていますからね。ちゃんとキャラがあるのに、それも〝世界一美しい〟とはいえ、ゴリラの鳴き真似をキャラにするなんて。何年も応援してきて、そりゃないだろ!?……の気持ちですよ(苦笑)**」

(古参ファン)

実は番組サイドも梨加のカレー好きキャラを認め、一時期はカレーの食べ歩きロケを企画していたらしい。

「菅井友香によると、梨加は某歌番組のリハーサルと本番の2時間くらいの間に、スタジオ近くで開催されていたカレーフェスに出かけるほどのカレー好きだそうです。しかも自分だけが楽しむのではなく、メンバーにもフェス会場で販売していた各種レトルトカレーを、梨加セレクトでお土産に買ってきてくれたそうです。しかもメンバー個々の好みに合わせ、それぞれに合いそうな味のレトルトを。菅井は自宅に持って帰ったレトルトを一口食べると、『**どうして私の好みがわかったの!**』――と驚かされたそうです。もちろん当時のメンバー全員が一種類ずつ好みの味に振り分けられていたわけでもないでしょうが、それが仮に5～6種類のレトルトだとしても、梨加が一生懸命に『**ゆっかーにはこれ**』――と選んでくれた、その気持ちに感激したと明かしていました」(番組スタッフ氏)

単なる食べ歩きのロケではなく、メンバーそれぞれにレトルトを選ぶロケも面白い。

「結局それらが流れてしまったのは、梨加のためでもあるんです。これまでにも親友の卒業生メンバーと食べ歩きロケや職ロケを行いましたが、ことごとく失敗。彼女のロケにはネガティブなプチ炎上がつきものでしたからね。もし次にカレーキャラで大失態ロケをやらかしでもしたら、さすがの梨加も〝暖簾に腕押し〟ってわけにはいきませんから」(同番組スタッフ氏)

そういえば菅井に続いて小池美波も――

『梨加は朝早くから人気のカレー屋さんに並んで、仕事に来る前にキッチリとストレス解消をしてくる。大好きなカレーを食べられれば、その日1日が幸せになるから』

――と明かしている。

『キャラがない』

そう悩む梨加だが、今後〝カレー好きキャラ〟を究めていくのか、それとも〝世界一美しいゴリラキャラ〟を究めてしまうのか……果たしてどっち!?

## 渡邉理佐が山﨑天に繰り出す〝嫉妬プレイ〟

渡邉理佐は――

『天ちゃんの視線を感じると、なぜか意地悪したくなるんですよ。

だって拗ねてる顔がめちゃめちゃかわいいから（笑）』

――と言って、悪びれるどころか楽しんでいるという。

渡邉理佐に憧れる山﨑天を苦しめるもの。

それは完全に確信犯の〝嫉妬プレイ〟だった。

「舞台裏でやっている分には微笑ましくて、理佐も2期生に絡みにいく5回に1回ぐらいは『天ちゃ〜ん』と甘い声を出していました。でもそのうち、天ちゃんの反応がかわいくて、『イジめてみたらどうなるのかな？』――と思い、絡みにいく回数を6回に1回、7回に1回……と減らしてみたそうです」

テレビ東京『そこ曲がったら、櫻坂?』女性スタッフ氏は、最初、そんな渡邉理佐と山﨑天のやり取りを笑顔で見守っていたという。

「その関係というか様子が変わってきたのが、天ちゃんが思わず番組で不満を漏らしたことでした」

(女性スタッフ氏)

山﨑はMCの2人に向かい――

『最近、理佐さんが夏鈴ちゃんにばかり『好き』とか、『夏鈴ちゃ〜ん、あ〜こっち向いた〜』とか言ってるのが気に食わない』

――と切り出したのだ。

「まあ、いわゆる〝ひと言もの申したい〟的なコーナーだったので、言い出すほうも言われたほうも最初からガチでやり合うつもりはありません。ところが天ちゃんに関しては、誰が見ても〝ガチっぽい〟愚痴だったのでMCが話を広げてしまったのです」(同女性スタッフ氏)

ここぞとばかりに理佐を巡る藤吉、山﨑の〝三角関係〟にツッコミを入れる澤部佑と土田晃之。

それが〝お仕事〟とはいえ、山﨑はグループ最年少。

『バチバチの三角関係みたいになってる！』

『〝何で私は構ってくれないの？〟ということ!?』

——と話を広げ、山﨑から「振り向いて欲しいんだよね？」「はい!!」の返事まで引き出してしまう。

「MCを味方につけたと思ったのか、天ちゃんは大胆にも『ワザとやってくるのが気に食わない』

——と、理佐にクレームを。しかしそうなると冒頭にもあるように、ますますイジめてみたくなるが理佐って女の子。澤部くんが『（本当は）一番振り向かせたいのは天ちゃんのことじゃない？』と理佐に話を振ると、すかさず『それはない』——と否定の即答。天ちゃんはリアクションに困り、作り笑いを浮かべるしかありませんでした」（同前）

実はこのやり取りには続きがあって、カットがかかると山﨑の目には涙が。

そこに渡邉が——

『天ちゃ〜ん！ごめんね〜』

——と言って抱き締めるところまでが、女性スタッフ氏によると「理佐の計算。みんな手のひらの上で転がされた」らしい。

「クールなイメージとその美貌で憧れの的と思われる理佐ですが、2期生は天ちゃんとのやり取りを見ているだけに、理佐には**『これ以上踏み込んではいけない領域がある』**——とビビっています。それも櫻坂における〝理佐の役割〟だと思いますが、さっきから薄々勘づいている方もいらっしゃるでしょうが、それも理佐の〝コントロール術〟なのです（苦笑）」（同前）

ちなみに今後、山﨑天はどう接すれば渡邉理佐に〝より〟構ってもらえるのか？

「見てると今は100%理佐の思う壺ですから、天ちゃんのほうからあえて〝理佐離れ〟を起こしてみるのがいいでしょう。といっても理佐以外の1期生になついたり、同期の2期生とつるみにいくのではありません。あくまでも〝自立〟した風に見せるため、1日の始まりと仕事が終わった時の挨拶だけをこれまで以上にちゃんとして、あとは一切、理佐には絡みにいかない。すると理佐は**『（挨拶は愛想良くしてくれるから、嫌われたわけではなさそう。それなのにどうして私に声をかけないの？ 目を合わせようともしないの!?）』**……と、逆にパニックを起こしてしまう。向こうから**『天ちゃん、待って〜！』**とすがりつくようになればこちらのもの（笑）」（同前）

なるほど。嫉妬プレイには〝嫉妬させるプレイ〟で対抗するということか。

しかしそんな高度なプレイを山﨑天がこなせるとしたら、渡邉理佐の何倍も〝小悪魔〟の才能に溢れていなければならないのでは……。

『天ちゃんの視線を感じると、なぜか意地悪したくなるんですよ。
だって拗ねてる顔がめちゃめちゃかわいいから（笑）』

さてこの先、渡邉理佐が繰り出す〝嫉妬プレイ〟に山﨑天がどう応えていくのか——。
2人の関係から目が離せそうにない。

## 井上梨名が何よりも大切にしたい〝初心〟との出会い

このところ、活動休止中の尾関梨香のピンチヒッターとして『櫻坂46 こちら有楽町星空放送局』(ニッポン放送)のメインパーソナリティを務めることが多い井上梨名。

「その評判がすこぶる良くて、井上という新たな才能が発掘された気分です。耳障りの良い声質と適度な滑舌は、近い将来、単独のラジオパーソナリティとしてオファーを集めるでしょう」(ニッポン放送関係者)

そんな井上はもう一つのエピソードにもあるように、『BACKS LIVE!!』で『Nobody's fault』のセンターに立候補した理由を――

『1stシングルで表題曲のメンバーに選ばれなくて悔しい思いをして、
そのリベンジの意味も込めて選びました。
また歌詞の中に「やるかやらないかそれだけだ」っていうフレーズがありますけど、
それが私の心には響いて、
悔しいことや悲しいことがあっても、
今の私には「立ち向かう心が一番必要だ」――と思ったんです。
だからこの曲を選びました』

――と語っているほど、良い意味で〝負けん気〟が強い性格でもある。

『櫻エイトと3列目のBACKSメンバーに分かれた時、
表題曲入りしたメンバーが楽しそうにしている姿を見るのが、すごく辛かったんです。
ファンの皆さんからも〝次は表題曲に入れたらいいね〟という声をたくさん頂いて、
だから『BAN』は〝おめでとう〟の声が素直に嬉しかったですね』

しかし井上の目指す、いやBACKSメンバー全員が目指すポジションは、決して表題曲の3列目ではない。

『『BAN』の3列目に入ったからこそ、

「自分の現状にもグループの現状にも満足してはいけない」――と思うようになりました。

ただし自分のことだけでいうと、
櫻坂46にはいろいろなメンバーがいて、それぞれにいいところがある。

だからどのメンバーが前にいてもいいと思ってます。

自分も引っ張っていける存在になりたいけど、
それと同じぐらい「この子についていきたい」メンバーもいますから。

自分なりにゆっくりと、目指すポジションを探していきたい』

『Nobody's fault』の自分と『BAN』の自分。

そこには明確な変化を感じているのだろうか。

『まず表題曲に入ったことで、テレビで歌う機会も増えました(笑)。
同時に見てもらえる機会も。
それは私に限らず、たくさんのメンバーがいるアイドルグループの〝あるある〟で、
やっぱり家族や友人には本当に喜んでもらえる。
アイドルはファンの皆さんに夢や希望を感じて頂くお仕事ですけど、
自分の半径数メートル以内の人が喜ぶ笑顔は、また別の感覚で感動的でした』

そこで気づけることもあったに違いない。

『逆に「表題曲に入ることがすべてではないな」――とも気づきました。
自分がやりたいことを、どんな形で表現すれば皆さんに喜んでもらえるか。
表題曲に入るのは、あくまでもその形の一つなんだなって。
結果に執着したり追い続けたりすることは負担にもなるので、
まずは自分が楽しむことを第一に、何でもポジティブに捉えようと考えてます。
クヨクヨしている暇があるなら、自分が楽しんで、
その姿を一人でも多くのファンに見て頂きたいんです。
それが私の喜びで、励みにもなるから』

それは今の井上梨名が何よりも大切にしたい、新たな〝初心〟との出会いになったのだ――。

## 遠藤光莉が目標にする〝最強のターゲット〟

『BACKS LIVE!!』をきっかけに土田晃之に注目されたように、このところ仕事をするたびに存在感を増しているのが遠藤光莉。

そんな彼女には今――

『新たに〝将来叶えたい夢〟ができた』

――そうだ。

その夢が〝乃木坂46の遠藤さくらを超えたい〟。

『将来は〝坂道の遠藤〟といえば、〝さくら〟ではなく〝光莉〟と呼ばれるようになりたい』

48グループのフラッグシップグループがＡＫＢ48であるように、坂道シリーズのフラッグシップグループは乃木坂46。

そして遠藤さくらは4期生として加入したその乃木坂46で、すでに『夜明けまで強がらなくてもいい』『ごめんねＦｉｎｇｅｒｓ ｃｒｏｓｓｅｄ』の2曲で〝単独センター〟を務めている実績の持ち主。同じ坂道合同オーディション経由で各グループに配属された〝同期〟ではあるが、光莉のほうはさくらと違い、研修生経由で昇格した〝出遅れ組〟だ。

確かに名字は同じ〝遠藤〟でも、ここに至るまでの環境には失礼ながら雲泥の差がある。

「坂道合同オーディションを同期として、乃木坂46の4期生、櫻坂46の2期生、日向坂の3期生以上のメンバーを見てみると、やはり乃木坂4期生の活動履歴が圧倒的に多いのはどうにもしようがありません。しかも遠藤さくらは過去に卒業センターの2名を除くと、順に生駒里奈、白石麻衣、堀未央奈、西野七瀬、生田絵梨花、齋藤飛鳥、遠藤さくら、山下美月の8名しかいない単独センター経験者で、さらに単独センターを複数回経験しているのは生駒、白石、西野、齋藤、遠藤の5名という、とんでもない上位クラスのメンバーです」

先ほどから話してくれているのは、『そこ曲がったら、櫻坂?』制作スタッフ氏だ。

改めて、坂道合同オーディションに合格して各グループに配属されたメンバーを見てみると――

乃木坂46 4期生 ※2021年6月末現在16名
▽遠藤さくら▽賀喜遥香▽掛橋沙耶香▽金川紗耶▽北川悠理▽黒見明香▽佐藤璃果▽柴田柚菜
▽清宮レイ▽田村真佑▽筒井あやめ▽早川聖来▽林瑠奈▽松尾美佑▽矢久保美緒▽弓木奈於

櫻坂46 2期生 ※2021年6月末現在14名
▽井上梨名▽関有美子▽武元唯衣▽田村保乃▽藤吉夏鈴▽松田里奈▽森田ひかる▽山﨑天▽遠藤光莉
▽大園玲▽大沼晶保▽幸阪茉里乃▽増本綺良▽守屋麗奈

日向坂46 3期生 2021年6月末現在4名
▽上村ひなの▽髙橋未来虹▽森本茉莉▽山口陽世

こうして並べてみると、乃木坂46は4期生単独のレギュラー番組を2年近く継続し、少年漫画誌や青年漫画誌の表紙、グラビアを飾った経験があるメンバーは片手だけでは数えられない。

その4期生の〝絶対的〟ともいえるエースが、遠藤光莉のターゲットなのだ。

「当初はダンスの世界大会に出場した経験ばかりがフィーチャーされ、実際のキャラクターとの差に悩んだと聞いています。本当は学力テストで上位に顔を出し、アニメや漫画で息抜きをする秀才タイプの女の子。実は自分のルックスにまったく自信がなく、オーディションに合格してから『周囲やファンの皆さんに自分がどう見られているか？　顔に自信がないから前髪をイジったり切ったりと、たぶん本当に考えたり行動しなきゃいけないことと、真逆に進もうとしていました』――というのが、彼女の真の姿だったのです」（制作スタッフ氏）

ある意味、本当の自分を隠しながらも頑張って活動を続けてきた遠藤。

そんな彼女が遠藤さくらをターゲットにする本当の理由とは？

『強くなりたい！

別にさくらちゃんをライバルだと思ってないし、そもそも雲の上の同期（笑）。

でも今の私にしたら、ほとんどの同期が雲の上。

だったらその中で一番高いところにいる人を目標にしたいし、

それがたまたま名字が同じさくらちゃんだったから、逆に面白いかなって』

〝一番高いところにいる人〟を目標にすることで確実に彼女は強くなれるはず。

**『〝坂道の遠藤〟といえば、〝さくら〟ではなく〝光莉〟と呼ばれるようになりたい』**

遠藤さくらを超えたい?

いいじゃないか、サイコーだよ!

その日が来るのを楽しみに待っていよう。

## 大園玲の〝モチベーションの高め方〟

グループ名を改名して以降、『Nobody's fault』『BAN』と2枚のシングルを発売した櫻坂46。そこで採用されているシングル収録曲の3人センター制、櫻エイトのシステムは、概ねテレビ関係者には評判がいい。

「歌番組でパフォーマンスするのは基本表題曲ですが、小柄でも広い可動域で大きく見せるセンターの森田ひかるは、よく〝見るたびに成長している〟〝歌詞の裏にある意味を理解して表情を作っている〟などの声を耳にし、意識の高さを評価されています。また櫻エイトはもちろん3列目のBACKSメンバーたちも、カメラと自分の間にいつも隙間を探し、少しでもアピールできるチャンスを狙っている。画面越しにそれがわかるのは、メンバーのモチベーションが高い証拠です」(音楽番組プロデューサー)

ここ1年半ほどはアイドルグループの新曲リリースのペースが落ちたが、それでも音楽番組に出演して新曲を披露することができるのは、せいぜい発売前週から2~3週間の間。満足にアピールすることはまずできない。

「櫻坂46のパフォーマンスを見ていると、〝その短い期間に何をすればいいのか?〟を、みんながそれぞれ必死に考えて収録に臨んでいることがよくわかります。振付や表情の変化はもちろん、番組ごとに何かを仕掛けてくる」(同音楽番組プロデューサー)

名前は明かせないが、音楽ファンなら〝必ず名前を見たことがある〟と断言できる有名音楽番組のプロデューサー氏でさえ、チェックを怠れないのが櫻坂46なのだ。

「僕が注目しているのは新2期生の大園玲で、彼女はこのコロナ禍をいい意味でのステップに変えた。〝ネクスト櫻エイト〟の一番手と睨んでいます」(同前)

プロデューサー氏の情報によると、大園は人気のダンスインストラクターやボーカルトレーナーのもとに〝自費〟で通い、スキルを高めることに集中しているそうだ。

「彼女は具体的な目標のロールモデルを山﨑天に置いているといいます。2期生最年少ですが、大園は『天ちゃんは絶対に妥協しないので、自分と似ている匂いを感じました。彼女をもっと知りたいし、彼女に意識されるだけの実力をどうしても身につけたい』——のだと。なるほど、そういうモチベーションの高め方もあるのかと、新鮮な驚きでしたね」(同前)

欅坂46時代からパフォーマンスについてはいかにもストイックな櫻坂46。

激しい振付を全力で踊り、髪で表情が隠れるほど全身全霊で表現するのも彼女たちの魅力。

またパフォーマンスを重ねるごとにファンの審美眼も肥えていき、中途半端なパフォーマンスは言語道断。他の坂道シリーズや48グループとは違い、細部まで個々のメンバーの特徴にこだわるファンが多いので手が抜けないのだ。

大園はそんな環境の下で――


**『限度なんてない。**

**自分が納得するまで突き詰めるだけ。**

**納得する日が来るかどうかもわかりませんけど』**

――の姿勢を崩さないから驚きだ。

『Nobody's fault』『BAN』を経て、着実に成長している大園玲。

彼女の最終目標がおぼろげながら見えてきた時、我々はこの上なく驚かされることだろう。

果たして彼女は、どこまで大きく成長していくのだろうか――。

## 大沼晶保にとって大切な〝聖地〟

活動休止中の尾関梨香がメインパーソナリティを務めるニッポン放送『櫻坂46 こちら有楽町星空放送局』のトークで、大沼晶保が井上梨名を相手に興味深い話をしていたという。

「2人はこの日、特別企画『部屋にヤシの木』という何だかよくわからないタイトルのコーナーを進行していました。これは大沼が、部屋にあるヤシの木に名前をつけたりサングラスをかけさせたりしてかわいがっていることにちなんで、大沼の部屋にとってのヤシの木のような、リスナーの部屋のこだわりを紹介するコーナーでした」（人気放送作家）

するとそんな中に「部屋にキッズテントを設置して、その中に入って読書をしています。狭い空間は落ち着きますすね」というリスナーの声があり、進行役の井上が——

『狭い空間とかで、こういう場所が好きとかある？』

――と話を膨らませたのだ。

大沼がまるでツチノコを発見したかのようなテンションで――

『やっぱりトイレが好き！』

――と言うと、井上も、

『トイレって何でいいんだろう？
実家のトイレが好き』

――とリアクション。

『トイレの中に1日いられる!!』

――と盛り上がる大沼は、

『映画館みたいな気持ち。
大きなｉＰａｄみたいなので映画を見てる』

――などと懐かしそうに語っていた。

「実は大沼、本当はトイレではなく『漁船』――と答えたかったそうです。子供の頃、近所の漁港や魚を水揚げする市場が遊び場のテリトリーだった彼女は、友だちとかくれんぼをしている時、船が隠れ場所の一つだった。だから狭い場所の思い出は、漁船や漁港の至るところにあるのです。でも本人いわく

**『きっと井上にもリスナーにもピンと来ないから、だったら〝トイレかな〟って。小学生までは狭い場所の代表は漁船だけど、中学生になったらみんなトイレでｉＰａｄ見始めるのがウチの地元』**

――だそうです」（同人気放送作家）

漁船や漁港が遊び場所になるのは、漁師町ではごく一般的なのかもしれない。しかし船の上や港、さらには魚を卸す市場には刃物類も多く、あまり派手に遊ぶと大人たちに叱られてしまう。

「大沼も『小学生までは見て見ぬフリをする優しい大人も多いんですけど、中学生になったら、特に女子は怒られるし遊び場にもならないから。船の上でSeventeenやPopteen読まないでしょ』――なんて笑ってました」(同前)

それにしても意外なのは、普段は番組で話を振られても漁船や漁港でのエピソードを話したがらない大沼が、オンエア中ではなかったにせよ、自ら楽しそうに話していたことだ。

「きっと〝好きだった狭い場所〟のフレーズから、鮮明に当時のことを思い出したのでしょう。たとえば土田さんや澤部さんが番組内で大沼に求めるのは、地元の〝笑える〟エピソード。しかし大沼にとって漁船や漁港は笑えるエピソードを提供する場ではなく、家族はもちろんその漁師町の生活の糧を生み出してくれる場所。決して〝笑っていい場所〟ではないんです」(同前)

漁船や漁港は、おそらく大沼晶保にとっての原点であり、自分にとっての〝聖地〟なのではないか。

誰にでも思い出の中に一つぐらいは、そうした〝人に触れられたくない〟大切な場所があるだろう。

それが大沼にとっては〝狭い漁船の中〟なのだろう。

だって彼女はあんなに楽しそうに話していたのだから。

## 幸阪茉里乃が続ける〝地道な努力〟

2021年、高校卒業の節目を迎えた幸阪茉里乃。
新2期生の一員として研修生から昇格を果たしたのは2020年2月16日のことで、つまり幸阪は高校2年生から3年生に上がる春休みから、坂道シリーズのアイドルとして活動を始める。

『いろんな方から、
「高2まで一般人だったのに高3から坂道になるなんて、生活が一変して大変だったでしょ?」
――と言われましたけど、
研修生の期間が1年3ヶ月ぐらいあったので、徐々に緩やかに慣らさせてもらった感じです。
それでも3年生だけに学業の心配もされましたけど、
そっちも新型コロナのせいでリモート学習になって、
だから先輩方のされた両立の苦労に比べれば全然でした(笑)』

もう一つのエピソードにもある通り、〝自称・陰キャ〟の幸阪。

しかし一方では積極的にクラブ活動に取り組むなど、青春を満喫する女子高生でもあったという。

もっとも幸阪は櫻坂46の活動において『なかなか自信がつかない』陰キャであって、学校でも陰キャだったとはひと言も漏らしていないのだから当然か。


**『オーディションを受けたのは高校1年生で、研修生時代は高校生活を楽しんでましたね。**

**それにハンドボール部のマネージャーをやっていたので、**
**部活帰りは友だちとアイスを食べにいったり、プライベートも充実してました。**

**もし合同オーディションにストレートで合格していたら、青春の楽しみも半分以下だったかも。**

**2期生のみんなには申し訳ないけど(苦笑)』**

先に本人も話しているが、研修生から昇格、当時の欅坂46に加入した後に緊急事態宣言や本格的な自粛期間と重なっていたため、そもそも高校3年生の1年も6月から新学年に。また担任の先生も幸阪の活動に理解を示し、学校行事にも「積極的に参加しなくても構わない」と背中を押してくれたそうだ。

『今思えば、コロナのせいでマラソン大会がウォーキング大会に変わったり、
学校行事の質にもかなり変化があったので、
例年通りに内申点が付けられなかったりしたんじゃないかと思います。
でもそんな学校の事情は私にはどうでもよくて、
先生が「応援してくれてるんだ」って励みになったことが本当に嬉しかったですね。
高校の思い出が楽しいままで終われたのも、きっと影響しましたから』

そして在学中の高校3年生の時、欅坂46は櫻坂46へと改名。

デビュー曲『Nobody's fault』とカップリング曲で〝3人センター制〟と〝櫻エイト〟が導入される。

さすがにグループから8人だけの櫻エイトに選ばれるとは思っていなかっただろうが、表題曲の3列目、つまり乃木坂46や日向坂46でいうところの〝選抜入り〟に向けては、チャンスが広がったというメンバーもいた。

『性格的に無茶な高望みはしないタイプですけど、
やっぱり2曲の表題曲に新2期生で同期の大園玲ちゃんや守屋麗奈ちゃんが選ばれると、
差がついてしまったことの焦りも感じました。
表題曲のメンバーに選ばれると、歌番組だけじゃなくテレビ番組へ出る回数も変わってくるし、
親やファンの方に見てもらいたい、安心してもらいたい気持ちは私にもあります』

幸阪はただ羨んでいるだけではなく――

『選抜に入るメンバーには、入るだけの理由がある』

――と考え、パフォーマンスの表情やダンスが上手いメンバーの体の使い方など、ひたすら動画をチェックして自分のものにしようと努力を続けているそうだ。

『動画の中の私の先生は、小林由依さん、森田ひかるちゃん、藤吉夏鈴ちゃんで、「そりゃあセンターやフロントに選ばれて当然だよな〜」と、レベルの違いにショックを受けながらも頑張ってます（笑）。

〝私とはどこが違うのか、どうやって動けばカッコよくなるのか〟

ただ見て参考にするだけじゃなく、自分のダンス動画を撮影して、客観的な視線で比較して研究します』

そうやって言葉で聞けば当たり前のように感じるかもしれないが、客席側からの視点で動画を比較するメンバーは少ない。

幸阪には〝地頭〟の良さを感じる。

『もちろんまだ結果は出ていないし、2曲続けて3列目の端にいるのが私の現実的な実力です。
ただ私とはポジションも実力もシンメだった増本綺良ちゃんが、
2曲目ではポジションを一つ上げたんですよ!
それはもう絶対に置いていかれたくないので、3曲目は私もポジションを上げたいですね』

それだけの強いモチベーションがあれば大丈夫。
研究熱心で前向きな幸阪茉里乃がポジションを上げていく姿をじっくりと見守ろう。

## 〝30分が限界〟な関有美子スタイル

「あのエピソードを聞いた時は、僕の周りでも賛否両論でしたね。有美子会長のように〝自分も30分が限界〟という者もいれば、〝映画を舐めてる。こういう人がいるから、最近の映画はどんどん短くなる〟と文句を言う人も。ただいずれにしても、こんな話で議論や討論のもとを生み出すんですから、有美子会長の影響力はなかなかのものです（笑）」

櫻坂46メンバー同士のフリートークの合間に、意外な本音や暴露話が飛び出す『櫻坂46 こちら有楽町星空放送局』（ニッポン放送）。しかしこの日、松田里奈と関有美子が語り合ったテーマについては、いくらファンでも疑問符しか付かない内容だったようだ。

「先に結論から言うと、アニメ好きの2人は〝30分以上の映像作品を見るのが苦手〟だというんです。テレビ放映されるアニメは30分枠ですが、普通の実写映画は2時間前後。要するに〝2時間も集中して一つの作品を見ることができない〟ということです（苦笑）」（人気放送作家）

しかしながら彼女たちには彼女たちなりの〝理屈〟もしっかりある。

『映画は私も得意じゃない。

（見ている途中で）他のことをして中断させちゃうから。

映画の素敵な空気感とか流れがあるのに、（自分で）それをぶった切ってしまって、
結局途中でやめちゃったりするから。

映画とかも30分ぐらいにキュッとまとめてもらえれば、

「もしかしたら私たちも観られるようになるんじゃないかな」って思うんだけど』〈松田里奈〉

『去年から休日はできるだけ自宅にいるようにしているから、
ようやくちゃんと見られるようにはなりました。
ウィル・スミスさんの映画をしっかり2時間見ましたもん。
でも以前は映画を自分のケータイで、
それだけのために2時間触らずにいるってことができなかったんです。
他にも使いたい用事があるから（笑）。
アニメを見る時は30分だし、結構それが限界のラインでしたね。
一応は見られるようになった今でも、短ければ短いほうが嬉しいです』〈関有美子〉

要するに彼女たちのライフスタイルの中で、2時間もの間、集中して鑑賞するのは〝至難の技〟でもあるのだ。

「生まれた時からデジタル機器やパソコンが当たり前のように身近にあるデジタルネイティブ世代にとっては、一つのハードで一つのソフトに集中することは効率が悪い。同じ時間を使うなら一つのハードでいくつものソフトを動かしたい——そういうことに繋がっているのでは」（人気放送作家）

特に顕著なのが関で、以前は——

『30分のダイジェストになれば見ますね。

2時間、3時間も時間を使わなくていいんですから』

——と、なぜか胸を張りながら語った。

「ただし公表はしてませんが、関の実家は九州では有名な家電量販店と聞いています。ならば〝30分しか無理！〟というのは、親御さんにしてみれば立派な営業妨害では（苦笑）」（同人気放送作家）

要は〝時間を効率良く使いたい〟ということだろう。

それが〝関有美子スタイル〟ということでいいではないか。

## 郷土愛モンスター・武元唯衣の〝裏切り発言〟!?

言わずと知れた「琵琶湖が生んだパワフルガール」こと武元唯衣。

『そこ曲がったら、櫻坂?』をはじめ、チャンスがあれば滋賀県出身であることをアピール。

関西の芸能界では滋賀県出身者は珍しくないが、数々のアツい郷土愛アピールがようやく実ったのか、関東の芸能界でも『滋賀県人の神』と呼ばれる西川貴教に次ぐ存在を狙えるポジションまで、その知名度を上げてきたといわれている。

「ずっと滋賀県内でのロケを志願していた彼女に、ついにその夢の手前まで近づく仕事が入った。それが『e-radio開局25周年企画〝やっぱり滋賀が好き〜滋賀をもっと元気に〜〟』の応援コメントです。今年の4月から来年の3月まで、武元唯衣のコメントがオンエアされることが決まりました」(スポーツ紙記者)

『そこさく』の企画ではメンバー同士のアンケートで小林由依から「彼氏にしたくないメンバー」に選ばれ、その理由が――

**『つき合ったら強制的に滋賀に移住させられそうだから』**

――と恐れられるほどの〝郷土愛モンスター〟。

森田ひかるの親戚の少女がテレビに映る武元を「ちゅけもんっ!!」と呼んだことから、いつの間にやら〝ちゅけもん〟が公式ニックネームに。

「今から5年前、通学していた中高一貫校の代表として出場した『第32回草津市青少年の主張発表大会』で、中学生の武元は優秀賞を受賞。母親に対する気持ちをテーマに『一番の味方』というタイトルの弁論を発表したことがきっかけで、本格的な郷土愛に目覚めたとも。また高校生の時に当時の欅坂46入りしているので、大学は都内で選ばざるを得ませんでした。しかし地元では、偉大な頭脳の流出を何とか阻止しようとする動きもあったとか、なかったとか……」(同スポーツ紙記者)

しかしそこまで郷土愛に溢れ、同じ関西エリアの兵庫県出身の同期、井上梨名に「関西を早めに捨てた女」という屈辱的なキャッチコピーをつけた武元自身が今や――

『一日も早く〝東京の女〟になりたい』

――と話していると聞いても、しばらくは耳が聴力を拒否したほどのショックだった(笑)。

菅井友香のレギュラー番組にゲスト出演していた武元は、最初は菅井に――

『最近髪切って染めちゃって。オシャレになってる』

――と褒められて照れくさそうにしていただけだったが、メインMCに、

「今は滋賀をどっかに忘れちゃったんじゃないの?」

――などとツッコまれ続け、ついに、

『ちょっとまあ、東京の女になりたいな』

――と呟いてしまったのだ。

さらに番組MCに「今のもう一回頂いていいですか？ お願いします」と促されると、ラジオ番組〝あるある〟でエコーをかけられ――

『東京の女になりたいな』

――と言い切ってしまう。

そこで菅井が――

『（滋賀の）おじいちゃんが泣いてるよ！』

――とのツッコミ。

「このツッコミがなかったら、ネタとして成立していませんでした（笑）」（同前）

果たしてこの裏切り発言（？）は、神・西川貴教の耳に入ってしまうのか？

もしそうなら武元は〝滋賀県永久追放〟かも――!?

## 〝単独写真集〟に懸ける田村保乃の想い

坂道合同オーディションを経て、2期生、旧研修生（新2期生）が坂道シリーズの一員になってから、もうすぐ丸3年になろうとしている。

「その間、グループは欅坂46から櫻坂46へ。そして櫻坂46として発売した2枚のシングル曲は、いずれも2期生がセンターに立って引っ張ってきました。そしてそんな2期生たちから、また一人、快挙を達成した者が現れたのです」（スポーツ紙記者）

彼女の名前は田村保乃。

シングル2曲共に櫻エイトに名を連ねるが、いずれもセンターではない。

しかしそんな田村が今、2期生初の〝単独センター〟に立とうとしている。

櫻坂46メンバーでは7人目、欅坂46時代から通算しても9人目の〝個人単独写真集〟を、この8月に発売するからだ。

現役の櫻坂46メンバーで最初にソロ写真集を発売したのは、2017年12月に『饒舌な眼差し』を発売した渡辺梨加。それ以降、発売順に菅井友香『フィアンセ』(2018年6月)、小林由依『感情の構図』(2019年3月)、渡邉理佐『無口』(2019年4月)、守屋茜『潜在意識』(2019年6月)、そして小池美波『青春の瓶詰め』(2019年9月)と来て、田村の写真集は小池以来およそ2年ぶり、櫻坂46メンバー7人目のソロ写真集になる。

ちなみに欅坂46メンバーを含めても、長濱ねる『ここから』(2017年12月)、今泉佑唯『誰も知らない私』(2018年10月)の2名しか増えない。人数とキャリアが違うとはいえ、乃木坂46がソロ写真集を乱発しているのとは大違いで、櫻坂46はソロ写真集を厳選しているのだろう。

「田村保乃は大阪出身で、欅エイトに選出されて以降、シングルCDに収録された個人PV『恋のラブアタック大作戦』は、公式YouTubeチャンネルで150万回再生を超え、『そこさく』では〝メンバーが選ぶ〝彼女にしたいメンバー〟で第1位に輝くなど、すでにその美貌で実質的な一番人気を誇っています。つまり彼女が2期生最初のソロ写真集を発売するのは、ごく自然の流れといえるでしょう」(同スポーツ紙記者)

写真集は北海道と沖縄を舞台に、水着、ランジェリー、バスルームなど様々なシチュエーションに挑戦。

本人いわく――

**『もし写真集を出せるなら、舞台は「絶対にここ！」とイメージしていた、雪の北海道と真夏の沖縄を舞台に、両極端のギャップを描いてみました』**

――そうで、その場所に住んでいるかのような、あるいは旅行で訪れたかのような、叙情的ではあるものの〝リアル〟にこだわったシーンで構成されているそうだ。

北海道編は雪に包まれた岩見沢に住んでいる設定で、豪雪地帯で生活を送っている女性をイメージした撮影。特別に煌びやかなものはなくても、日常の一瞬は何物にも代えがたい特別な時間。

また沖縄編は、岩見沢で生活する女性が憧れで訪れた場所、石垣島での撮影。実際の旅程と同じように移動しながらの撮影で、到着した直後からの徐々に変わっていく表情が見物。

田村本人も――

『すっごい寒いところと、すっごい暖かいところで、
いろんな表情の私が見てもらえるんじゃないかと思います。
私のやりたいことを、たくさん詰めこんでもらった〝こだわりの一冊〟になっています』

――と、〝自信満々で送り出せる作品〟だと話してくれた。

2期生初の女性ファッション誌の専属モデルは山﨑天に先を越されてしまったが、田村保乃がそれに続くのは時間の問題。

『私の写真集や天ちゃんの専属モデルは、どっちが早いとか遅いとかは関係ありません。
でもこれで少しだけ1期生さんに近づいたというか、
私と天ちゃんが「2期生でも希望を持ってもいいんだ」――と思ってもらえるような、
そんな存在になれたら嬉しいです。
2期生みんなで大きくなりたいから』

大丈夫、間違いなくみんな〝その気〟になっている――。

## 渡邉理佐が語る〝藤吉夏鈴の魅力〟

今や『そこ曲がったら、櫻坂?』（テレビ東京）名物と言っても過言ではないのが、他のエピソードでも触れている〝渡邉理佐を巡る藤吉夏鈴と山﨑天の三角関係〟だ。

「確かに便宜上は〝三角関係〟ですが、理佐から天ちゃんへの矢印が出ていない以上、実際には〝理佐と夏鈴ちゃんカップルに横槍を入れる天ちゃん〟の図式ですね（笑）」

テレビ東京『そこ曲がったら、櫻坂?』制作プロデューサー氏は、

「正直なところ、理佐からは『**いつまで（三角関係で）引っ張るんですか?**』――と、クレームに近い声をかけられるんですよ」

――と苦笑いを浮かべる。

「夏鈴ちゃんと天ちゃんが3人センターのうちの2人で、理佐は彼女たちを支えるフロントメンバー。バシッと三角関係がハマるので、MCの2人からも『**困ったらあの3人の関係をツッコもう**』みたいな雰囲気を感じます」（制作プロデューサー氏）

しかし渡邉理佐の寵愛を一身に集める藤吉夏鈴だが、番組では山﨑天の〝理佐愛〟が目立ちすぎることもあってか、藤吉からの〝理佐愛〟は大して感じないのが正直なところ。

「これも番組内で公言はしていますが、理佐が一方的に夏鈴ちゃんを好きなだけなので、極端に言えば**『夏鈴ちゃんが私を好きでなくても構わない』**――そうです。さすがクールビューティーらしいセリフですが、だからこそ〝そろそろやめて〟とも思っているのでしょう」（同制作プロデューサー氏）

自宅では何種類ものお香を焚き、目を瞑ってその香りに酔い知れるという、ミステリアスな藤吉夏鈴。いつの間にか不思議なプライベートや行動が〝イジり〟のターゲットになっているが、それもそもそも渡邉理佐が発端だとする説が根強い。

「理佐は**『私が夏鈴ちゃんのことを一方的に好きで、いろいろなことを知りたいし、もっと話せるきっかけが欲しいだけ』**――と、イジっているかどうかは頑なに否定しています。理佐は取材で〝推しメン〟を聞かれると〝夏鈴ちゃん〟の名前を出しますし、その上、隣のポジションにいる夏鈴ちゃんを盗み見して**『めちゃめちゃ笑顔で踊ってるのを見て胸がズキュンと打たれた』**――などと、聞かれてもいないのに夏鈴ちゃんを推す理由まで明かしています」（同前）

いくら2期生がセンターに立とうとも、櫻坂46の〝顔〟を張る渡邉理佐にここまで言わせるのは、藤吉夏鈴の魅力が本物だということだ。

最近も理佐は――

『私もずっと夏鈴ちゃんには〝ミステリアスでクール〟なイメージを持っていましたけど、楽曲に対してこちらが想像する以上にいろいろと考えて取り組んでくれるので、パフォーマンスもできる頼もしい存在』

――などと、誰が聞いても〝絶賛〟と感じる評価をしているのだ。

『前に理佐さんが雑誌のインタビューに――

「みんなと交わってワイワイするというよりかは、

〝自分で一人で考えて進んで作っていくタイプなのかな〟って思います」

――と答えていて、それは読んでいて胸の奥から感動が沸き上がってきました。

あの渡邉理佐さんが、私のことをちゃんと見てくださっていた。

以前よりも仕事先で認めてもらえることは増えてますけど、

やっぱり一から私を見続けてくれた方ですからね。自分の中の重みが違う』

そう話す藤吉。

さらに藤吉の素晴らしさを〝全身で味わう〟には、「ミュージックビデオが一番」だとも。

理佐によると――

**『夏鈴ちゃんセンターのミュージックビデオを何気なく見ているだけでも、気づいたら夏鈴ちゃんから目が離せなくなってると思います。私はそれを〝才能〟と呼んでいます』**

――と、大真面目な顔で話してくれたという。

最近ではａｉｋｏ、波瑠、森山未來などなど、多くの芸能人に「似ている」と評判の藤吉夏鈴。ブレイクが約束された彼女からは〝三角関係ネタ〟抜きでも目が離せない。

## 増本綺良が目指す〝オリジナル〟のグラビア

新2期生として欅坂46に配属され、気がつけば1年数ヶ月――。

いまだ謎多きメンバーとして、見る者を（ハプニング臭で）ドキドキさせてくれるのが増本綺良だ。

**「当初はその不思議なキャラ同様、不思議な動きとリズム感に苦笑いしか出ませんでしたが、しかし1stシングル『Nobody's fault』から2ndシングル『BAN』へとパフォーマンス面では成長を遂げ、仲の良い幸阪茉里乃が『私を置いていかないで！』――と焦っていると聞いています」**

（テレビ東京関係者）

それは増本のファンにとっても想定外の成長だったらしく、中には「推し（メン）がポジションを上げるのは嬉しいんだけど、綺良ちゃんの場合は何か落とし穴がありそうで怖い」などと、疑心暗鬼になっているファンもいるとか。信じられないというより〝どう喜んでいいのか？〟と戸惑っている様子が見受けられるそうだ。

櫻坂46の場合は人数も25名なので、そこまで露骨な〝干され〟メンバーはいない。また少ない人数ゆえ、些細なきっかけで一気に人気が上昇する。

ファン心理としてはできればジワジワと、少し時間がかかり気味で上昇してくれたほうが嬉しい。いきなり人気が爆発すると十分な枚数のミーグリが買えなくなるからだ（苦笑）。

「ちなみに最近の増本は海外のファッション誌にも興味があるらしく、楽屋に持ち込んでは熱心に目を通してますね。ただし、英語は読めないので、主に『写真に目を通している』――と本人が話していました」（同テレビ東京関係者）

実は増本、ついに〝被写体〟側の楽しみを知り――

『〝坂道基準のグラビア〟は何にでも挑戦したい』

――と運営に申し出ているらしい。

〝坂道基準〟とはもちろん、水着未満のお仕事。

『もう1年以上、いろんな媒体さんにグラビアを撮って頂いて、それなのに同じものは一つもないし、
私は私で「いろんな表情をしていることが面白いな～」って思うようになって。
だからもっともっと〝自分にできる顔〟を知りたいんです』

たとえ興味の対象が自分の表情であっても、それが仕事の活力やモチベーションに繋がるのだから、増本にとっては前向きな判断だ。

『今まで私生活でアイドルの衣裳を着たこともないし、
ポーズを鏡の前で練習することもないじゃないですか。
でも今、私は櫻坂46の一員で、アイドルらしく見えなきゃいけないんです。
そこを意識しているだけで新たな人生を切り開けるから』

彼女には〝参考になる〟先輩はいても、グラビアでは〝目標〟になる先輩はいない。
それは――

『だって私が菅井友香さんようにしなやかで美しいグラビアをやりたくても、
私は菅井さんじゃないからできるわけがない。
だったら〝オリジナル〟を目指したほうが私らしい』

――という考え方から来ているようだ。

『あと私は自分の仕事を家族や友だちに自分からは伝えなくて、
見つけてもらって、喜んでもらうのが好きなんです。
そのためにはファンの皆さんにしか気づいてもらえない媒体じゃなく、
パッと目につく有名な雑誌の表紙にも出たい。
でも表紙とグラビアじゃ求められるものが違うから、そこはもう少し鍛錬が必要だと思います』

ちなみにいくら有名だからといって『FRIDAY』や『FLASH』、〝文春砲〟にスキャンダルでお世話になる気は――

**『一切あり得ない』**

――そうなので、ご安心を。

**『だったら〝オリジナル〟を目指したほうが私らしい』**

増本綺良には〝増本綺良らしい〟オリジナルのグラビアを、ぜひ見せて欲しい。

# メンバーが実践する〝松田里奈操縦法〟

『BACKS LIVE!!』3日間のメインMCをはじめ、そのトーク構成力に評価が高まる松田里奈。

千秋楽の締めの挨拶で松田は――

『『BACKS LIVE!!』をすることができて、本当に良かった。

私たちはどんどん強くなっていきたいです。

ここが終わりではなく、私たちで櫻坂46を強くします。

最後にひと言だけ伝えさせてください。

みんなのことが大好きー!』

――と叫び、櫻坂46初の有観客ライブとなった『BACKS LIVE!!』を最後まで盛り上げてくれた。

「その場の雰囲気に飲まれがちなシーンでも、彼女はしっかりと伝えるべきことを口にできていた」（人気放送作家氏）

もう一つのエピソードで触れたアンチたちには、ぜひとも自分の部屋から外に出て、その足で櫻坂46のライブを見にきて欲しいと願う。そうすれば松田の頑張りやトークの重要性が一目瞭然だからだ。

『BACKS LIVE!!』に続いて『W-KEYAKIZAKA FES.』でも重要な役割を担った松田を、メンバーたちももちろん、彼女のMC力を頼りにしている。

ところが今、「メンバーの間ではまるでマニュアルのように〝松田里奈操縦法〟が知れ渡っていて、松田自身も〝あえてそれに乗っかっている〟と聞いています」（同人気放送作家氏）なんて話もあるらしい。

『私は本当に褒められることが三度の飯より好きで、褒められると良い気になるんです。よく「褒められて伸びる子」なんて言いますけど、私はそうじゃない。褒められたら伸びるんじゃなく、ひたすら気持ちが良いんですよ（笑）』

――自らそう話す松田。

「ラジオでも似たようなことを話していて、『ファンやメンバーから〝かわいい〟と褒めてもらうことが大好き』──だと。しかしそこがバレバレなので、メンバーから〝褒め殺しされているのではないか?〟──と」(同前)

それが先ほどの〝操縦法〟というわけか。

『この前、武元と井上と一緒にいた時、いきなり武元が「今日前髪いい感じだね」──って褒めてくれて、本当に嬉しかったんです。井上もそれに乗っかって「眉毛書くの上手いよね」──って言ってきて、「ホントに? ありがとう!」って気持ち良くなったんです。そうしたら次々と「アイシャドウかわいい」「髪かわいい」「マスクいい感じ」「服かわいい」って、立て板に水で、さすがに「雑じゃん? ふざけてるよね」……みたいな空気になったんです(苦笑)』

確かに途中までは、すごくいい感じに気持ち良くしてくれた2人。

しかしこうなると明らかに〝松田を褒めて気持ち良くさせとけ〟と策略を巡らせているようにしか感じない。

「そうしたら原田葵が別の番組で『**まつりは褒めとけばいい**』――と発言したそうで、松田は耳を疑ったといいます。以前から原田や小池は、松田を捕まえて『**まつりちゃんはホントにかわいい**』『**私もホントにそう思う**』――と言ってきていたので、ずっと『**エーっ、そんなァ~、嬉しいです!**』と、1ミリも疑っていなかったんだとか。『**武元や井上と違い、心が込められていたのに**』……とショックを受けた松田は、その原田のセリフに、メンバーが自分をどんな狙いで持ち上げていたのか、自分なりに『**見破った**』そうです」(同前)

ちなみに原田とは自分が1才年上であるものの、しっかりと尊敬して立てているからか、普段はお互いに〝イジれる関係〟らしい。

「原田の発言にショックを受けながらも、電波に乗っていずれは松田の耳に入ることを前提にしている発言なので、松田は『**先輩からの〝愛のあるイジり〟。きっと同期のメンバーもそうだと思う**』――と、何ともポジティブに受け止めているそうです。このあたりはSNSのアンチコメントと違い、お互いに生身のメンバー同士という関係性ありきの考え方でしょう」(同前)

松田によれば、武元や井上のように〝いかにも適当で雑な持ち上げ方〟でなければ──

『丁寧に褒めてくれればOK。
もっとメンバーは私を気持ち良くして欲しい（笑）』

──とのことだ。

## 森田ひかるが日向坂46・齊藤京子から学んだ〝意識改革〟

坂道シリーズの3グループ、乃木坂46、櫻坂46、日向坂46の選抜メンバーが出演した、ひかりTVオリジナルドラマ『ボーダレス』。

ベストセラー小説『ストロベリーナイト』シリーズの作者、誉田哲也氏が映像化を念頭に書き下ろした青春ミステリー作品で、櫻坂46からは小林由依、渡邉理佐、森田ひかるの3名が選ばれた。

「ご承知の通り『Nobody's fault』『BAN』のフロントメンバーの3人で、乃木坂46からは4期生の遠藤さくらと早川聖来、日向坂46からは齊藤京子と濱岸ひより。遠藤さくらはすでに『夜明けまで強がらなくてもいい』と『ごめんねFingers crossed』の2曲で単独センター。早川は乃木坂46名物『プリンシパル』シリーズで注目され、外部からも声がかかる芝居達者です。日向坂の齊藤と濱岸も、それぞれがグループを代表する演技派と評価されています」（有名放送作家氏）

それぞれのグループが彼女たちを送り込んだ〝目的〟も見え隠れするが、櫻坂46に関していうと森田ひかるの特技は和太鼓であって、芝居ではない。

実は制作サイドは乃木坂46のメンバーからは「与田祐希を出して欲しい」と要望を出したそうだが、運営サイドは「与田は演技力に難があるのと、身長が低い」と断りを入れたという。

その身長153cmの与田よりも3cm近く低い森田がOKなのも不思議なところだ。

「この作品は平行する4つの物語が最終的には混じり合うもので、誰か一人を明確な主役に立てるわけではありません。しかし実質的には森田が主役で、番組ポスターも森田の顔が真ん中に据えられています。つまり当初から森田の売り出しに重点が置かれていて、そこに与田が入ると森田の印象が薄くなる。本当の理由はそういうところでしょう」(同有名放送作家氏)

蓋を開けてみるとSNSには森田の演技は絶賛の嵐。

なるほど運営サイドの目論見は成功したようだ。

「フロントの3人、それぞれを別々の物語に配したのも成功の一因で、3人は『2人に負けたくない』『私だけお芝居が下手と言われたら、櫻坂の評判が悪くなる』――など、自然と切磋琢磨する状態になったとか」(同前)

森田は小林と渡邉の存在について――

『隣にいらっしゃらないのが本当に不安でした。

……あっ、(齊藤)京子さんだと不安だって意味じゃありませんよ(苦笑)』

――と、精神面で頼りにしていることを隠さない。

『だって由依さんと理佐さんが隣にいらっしゃるかいないかじゃ、私の中では全然違うんですよ。いらっしゃらないと、どれだけ練習してきても不安しかない。とにかく頼もしいいし、いつも目で追ってしまう。そうしていたら京子さんが、私の様子に気づいてくださったんです』

日向坂46で表題曲のセンターこそ務めてはいないが、このところテレビ朝日深夜バラエティ枠『キョコロヒー』で新境地を開いた齊藤京子。

今、森田は坂道シリーズの別グループで活躍するメンバーと共演することで、いくつものことに気づくはずだ。

『京子さんは〝少し恐いイメージ〟があったんですけど、実際にお仕事をしてみると、私が気づかなかったり、あまりこだわっていないシーンでも、「監督ちょっといいですか？」――と納得するまで質問攻めしてました。そういうイメージ、きっと皆さんも京子さんに持っていなかったと思う』

齊藤は森田の耳元で、ソッとその理由を語った――。

『納得しないまま進むと、いつかそうやって溜まったものが一気に押し寄せてくる。たとえワンシーズンしか出番がなくても、私はわからないこと、イメージできないことは持ち越さないだけ』

――なのだと。

『たくさんの人のやり方、
自分だけのこだわりを知れば知るほど、
私の中にスキルが増えていきました。
それは確かに、京子さんから学んだものからも』

体は小さくても、その吸収力は無限大。

『ボーダレス』の現場で、確かに森田ひかるは意識を改革することに成功したようだ――。

## 守屋麗奈が〝本物の守屋〟になる日

6月27日深夜にオンエアされた『そこ曲がったら、櫻坂?』(テレビ東京)で――

『合同オーディションを受けた時よりも、
SHOWROOMで昇格が発表された時よりも緊張しました。
前の日も全然眠れなかった』

――と守屋麗奈が振り返るのが、1期生の守屋茜に挑み、見事に玉砕した〝叩いてかぶってジャンケンポン〟だった。

「〝因縁の対決〟みたいな体で、2期生が相手を指名して戦いました。ただし指名する以上、そこには戦わなければならない理由がいる。守屋麗奈は守屋茜を指名し、どちらが〝本物の守屋〟を名乗れるか、名字を賭けての戦いでした」(人気放送作家)

その勢いとは裏腹に、守屋茜にアッサリと撃退された守屋麗奈。

とはいえ大口を叩きながらも体は震え、ほとんどの視聴者が「勝つのは先輩の守屋茜のほうでしょ?」と、当たり前のように見抜いていたようだ。

『そんなの、当たり前じゃないですか!

私が茜さんに勝てるわけないし、あれだって嫌々戦わせられたんですから』

……いやいや、その舞台裏は明かしちゃダメなやつだから(苦笑)。

『自分からバラしておかないと本当に私が対戦相手を指名したと思われるし、事前に台本を渡された時には「負けたほうが〝守屋〟を名乗れない」とかセリフになってたんですよ。

私、先輩にそんな失礼なこと言わないし、茜さんもちゃんと台本を読み込んだ上で――

「本気で来てね。こういうのは本気じゃないとめちゃめちゃスベる。

スベりたくないでしょ⁉」

――って、打ち合わせも済ましていたんです』

東京都出身、2000年生まれの守屋麗奈。

研修生時代から注目されていた人気メンバーの一人で、当時から〝ぶりっこキャラ〟でも評判だったという。しかしこれも、かなり無理矢理なキャラクター設定にしたことを後に告白している。

**『新2期生の中では最初から玲ちゃん(大園玲)が〝神〟で、顔はもちろんだけど鹿児島県の方言がめっちゃかわいい。でも私は東京出身でそういうキャラクターでもない。そんな時、かわいく見せるためには〝ぶりっこキャラ〟が一番簡単そうだったから、つい安易に手を出してしまった感じです』**

——そう明かした守屋麗奈。

〝自分に向いていない〟と思ったら、すぐに反省して撤回する柔軟性を持ち合わせているようだ。

「たとえグループは違っていても、研修生から同じタイミングで配属された同期たちが次々に頭角を現していく中、少しでも早く覚えてもらうためには、作ってでも目立つキャラクターがあったほうがいい。その考え方は間違っていませんよ」(人気放送作家)

実際の守屋麗奈とは?

メンバーの観察眼のほうが的確に答えを出してくれるだろう。

欅坂46時代から2期生のリーダー格だった松田里奈は、守屋麗奈についてこう語っている——。

**『すごくおしとやかで、笑顔が本当にかわいい。**
**そこにいるだけで空気がフワッとなる子ですね』**

なるほど〝おしとやか〟か……。

守屋茜に向かっていったピコピコハンマーの使い方を見ていると、さほどおしとやかとは思えないのだが(笑)——いや、そこは松田の〝眼力〟を信じるとしよう。

素顔を垣間見せるようになった守屋麗奈が今後どう成長していくのか。

〝本物の守屋〟として大きくはばたく日が来るのを楽しみに待とう——。

# 山﨑天が"自分らしさ"を発見したカメラとの出会い

2期生として当時の欅坂46に加入して以来、ずっと山﨑天にまとわりついている肩書きは"最年少メンバー"だ。

「最年少なのは事実なので、それをねじ曲げることはできませんからね。次に3期生で天ちゃんより若い子が入ってくるまでは、最年少ポジションで甘えさせてもらうしか（笑）。でも見ていると、天ちゃんが最年少だからって先輩が甘えさせてくれたのは、加入してからほんの何ヵ月かだったと思いますよ。しかもその時は2期生みんな新人で、新人甘やかされ月間のようなもの。今まであまり、最年少の恩恵は受けていないでしょう」

過去の握手会やミーグリに参加された方は、山﨑の落ち着きや大人っぽさに驚いたことがあるだろう。

そもそも本人にも「最年少を売りにする気はサラサラなかった」と明かすのは、『そこ曲がったら、櫻坂？』制作プロデューサー氏だ。

「私服や衣裳のスタイリング、ヘアメイクなども含め、どこを取ってもキャピキャピした最年少のイメージはなく、むしろ中学生の頃から〝大人に憧れる高校2年生〟の雰囲気でしたもん。まあ憧れの理佐を筆頭に、周囲は大人っぽいメンバーばかりですからね。その中に入ったら自然と大人っぽくもなりますよ」（制作プロデューサー氏）

とはいえ山﨑は、正真正銘の最年少。

本人は自分の実年令とのギャップを埋めるつもりか、そこであえて大人っぽい〝趣味〟に手を出す。

それがカメラとの出会いだった。

『もともとはマネージャーさんがいつも現場に持ってきていたので、空き時間に教えてもらって写真を撮ってみたら、まったく想像していなかった〝感動〟を感じたんです。

「これは面白そうだな」――と、私もカメラを趣味にしたくなったんです。だからあえて大人っぽい趣味が欲しかったわけじゃなく、私ぐらいの年代のアイドルで、カメラを趣味にしてる子は結構多いですよ』

山崎は――

『撮りたい時に撮る』
『何も考えずに撮る』

――をポリシーにしているという。

それは――

『一瞬の閃きや感性を大事にした写真には、どこか〝私らしさ〟が出ているから』

――と笑う。

『よくメンバーを撮るんですけど、
「この子はこんな風に撮りたいな~」とか、
「あの景色と合わせてみたいな~」とか、
雑念が入ると全然面白い写真が撮れない。
一瞬の閃きには、どんな理論も敵わない。
それを知ることができただけでも、カメラを始めた意味があったと思います』

大人っぽいかどうかなんて、どうでもいいではないか。

山﨑天が待っていた唯一の〝答え〟を、カメラとの出会いが運んできてくれたのだから――。

# エピローグ

のちにカリスマ的な人気を誇るアーティスト（※アイドル含む）には、必ずといっていいほど、その起点となる伝説のライブが存在する。

たとえば乃木坂46でいえば2015年2月22日に西武ドームで開催された、6時間を越える凄絶な『乃木坂46 3rd YEAR BIRTHDAY LIVE』。

そして欅坂46でいえば、2017年7月22日・23日に富士急ハイランドコニファーフォレストで開催された『欅共和国2017』に他ならない。

「真夏の野外に2日間で2万5千人のファンを集め、野外コンサートの定番となる花火、放水、噴水、水鉄砲などの演出で盛り上がりました。2016年の紅白初出場から2017年4月のデビュー1周年ライブを経ての『欅共和国』があったからこそ、続く初の全国ツアーへと熱狂が高まったのです。それと言い方は悪いかもしれませんが、この『欅共和国』こそが平手友梨奈の〝ピーク〟で、以降は完調の彼女はなかなか見られませんでしたね」（人気放送作家）

しかし欅坂46、つまり現在の櫻坂46にとって何よりも大切なその伝説の系譜が、2年ぶりの開催となる今年は、日向坂46との合同ライブ『W-KEYAKI FES. 2021』(7月9日~11日)として行われることが5月末に発表されたのだ。

「会場はいつもの富士急ハイランドコニファーフォレスト、そしてタイトルはあの『W-KEYAKI ZAKAの詩』から取ったのか、あえての『W-KEYAKI FES.』。初日に登場する櫻坂46、そして2日目の日向坂46、最終日には坂道シリーズで初の試みとなる2組の合同ライブとして開催されました」(同人気放送作家)

この本をご覧の皆さんの中にも、『W-KEYAKI FES.』に参戦された方がいらっしゃるだろう。

それぞれがどのような感想を持たれたのか興味深いところだが、欅坂46の1期生11名の中には、複雑な想いを抱える者が少なくなかったという。

「本来であれば『そこ曲がったら、櫻坂?』の番組内で大々的に発表されてもおかしくないのに、しれっと公式サイトで発表されると同時にチケットの先行申し込みがスタート。謳い文句には〝1本の欅から生まれ、それぞれ自分たちの坂を駆け上がっている2グループ〟〝会場は聖地ともいうべき富士急ハイランドコニファーフォレスト〟と煽ってましたが、2017年の主人公でもあった欅坂46の1期生たちからは、『どうして自分たちだけの単独ではないのか?』『後輩のひらがなけやきと同じステージに並ぶ意味は?』……などと不満が飛び出し、番組でサプライズ発表できるような状況ではなかったといいます」(同前)

先にお話ししたように『欅共和国』は、伝説の2017年から欅坂46が何よりも大切にするライブだった。

昨年の『欅共和国2020』がコロナ禍で開催を見送り、今年開催することになれば〝新生・櫻坂46〟として迎える初の大舞台。メンバーの意気込みはかつてないほど強いものになっただろうし、櫻坂46初の有観客ライブでファンとの絆を再構築する絶好のチャンスだったのだから。

「その舞台が合同開催となり、しかも今の日向坂46はひらがなけやきとして数曲参加した2018年当時の彼女たちとは違い、今や乃木坂46に迫るほどの人気、勢いを誇っています。メンバーの中には合同ライブをネガティブに捉える者も少なくなかったとか」(同前)

キャプテンの菅井友香、そして副キャプテンの松田里奈は——


**『過去にこだわっていたら今の日向坂に飲み込まれる。**

**逆に日向坂に実力の違いを見せつけ、櫻坂が欅坂時代よりも成長していることを証明するチャンス』**

——と、メンバーの背中を押した。

「櫻坂には櫻坂の、そして日向坂には日向坂の良さがあることを、改めて教えてもらった3日間になりました。特に最終日の合同ライブは、どちらが勝ってどちらが負けたとかではなく、〝2組のグループはこれからも切磋琢磨して成長するに違いない〟——そう感じさせてくれました。かつて乃木坂46はAKB48の公式ライバルとして誕生しましたが、櫻坂46と日向坂46は1本の欅が枝分かれしたライバル同士。誰もがそう確信するライブになったと思います」（前出人気放送作家）

その枝にはたくさんの葉がつき、やがて強く、太く、真っ直ぐに伸びていくに違いない。

また来年もこの地で会おう——。

欅坂46の伝説の地は、W-KEYAKIの新たなる伝説の地となったのだ。

櫻坂46
SAKURAZAKA

# 彼女たちが彼女たちである理由。

〔著者プロフィール〕
**阿部慎二**（あべ・しんじ）

元テレビ東京局員。バラエティ指向にもかかわらず報道へ異動になり、有志たちとディレクター集団を結成。現在、週に２本の番組を掛け持ち、坂道シリーズを陰ながら支える。古巣の動静には敏感で、それゆえに情報が集まるターミナル的な存在。現在、アイドル誌等のライターも務める。推しは「近い将来弾ける」と太鼓判の松田里奈。本書では、彼の持つネットワークを通して、櫻坂46メンバー及び運営と交流のある現場スタッフを中心に取材を敢行。櫻坂メンバーが語った“言葉”と、周辺スタッフから見た彼女たちの“素顔”を紹介している。著書に『櫻坂46～櫻色の未来へ～』(太陽出版)がある。

櫻坂46
—彼女たちが彼女たちである理由。—

2021年7月27日　第1刷発行

著　者……………阿部慎二
発行者……………籠宮啓輔
発行所……………太陽出版
東京都文京区本郷4－1－14　〒113-0033
電話03-3814-0471／FAX03-3814-2366
http://www.taiyoshuppan.net/

デザイン・装丁…宮島和幸（ケイエム・ファクトリー）
印刷・製本………株式会社シナノパブリッシングプレス

ISBN978-4-86723-044-2

## ◆ 既刊紹介 ◆

登坂 彰［著］　定価 1,400円+税

### 日向坂46
### ～ひなたのあした～

**『私は最初から用意された"正解"のセンターじゃなく、
自分こそが正解を超えた"予想外のセンター"だと
言われたいんです』**【加藤史帆】

**『少しセンターのプレッシャーから解放されて
ホッとした自分も正直いましたけど、
でも同時にそんな自分に対して情けない気持ちもあって……。
ここで頑張らないと、私はセンターに"立たせてもらっていただけ"
になってしまうから』**【小坂菜緒】

日向坂46メンバーの"素顔のエピソード＆メッセージ"を多数収録!
いよいよ始まる"日向坂46時代"の幕開け――

**主な収録フレーズ**

『私たちには日向坂46にいるからこそ叶えられる夢がたくさんあって、
そのありがたみを忘れて当たり前だと思い始めたらダメなんですよ』＜齊藤京子＞

『ずっと運動部だからわかるんです。
「私はここまで頑張ったのに」って思うのは、それが自分の限界だってこと。
だから私は「ここまで頑張った」とか思いたくない』＜渡邉美穂＞

『ひらがなけやき時代から丸5年が過ぎて、
今はコロナ禍ではあるけれど、ようやく日向坂が認められた実感があります。
もう誰も"過去の自分たち"に縛られたりはしていませんから』＜佐々木久美＞

登坂 彰［著］　定価 1,400円+税

### 勇気をもらえる
### 日向坂46の言葉

**『辛い時、苦しい時に暗い顔ばかりしていると、
どんどんとネガティブの沼にハマるだけだよ。
辛い時、苦しい時ほど笑顔を忘れない。
そうしたらポジティブの光が差し込むから』**【加藤史帆】

"ハッピーオーラ"の向こうにある勇気、希望、そして絆――
日向坂 46 メンバーの"素顔のエピソード＆フレーズ"を多数収録！
勇気と希望をもらえる彼女たちの"ハッピーオーラ"満載!!